JN195107

平和を生きる日米人形交流

渋沢栄一とシドニー・ギューリック
の親交からキッズゲルニカへ

宮崎広和 + 是澤博昭 + 井上潤 = 編

世織書房

扉写真（阿部寿夫©）「自分たちが描いたキッズゲルニカを見学に来た島原の子どもたち」

キッズゲルニカについての山下昭子さんの説明です。「毎年ですが、その年に制作したキッズゲルニカ（＊スペインの画家パブロ・ピカソがスペインの市民戦争での無差別爆撃を描いた「ゲルニカ」〈タテ3.5m×ヨコ7.8m〉と同じサイズで子どもたちが平和のメッセージを描く国際プロジェクト。2007年に始まり2018年には国内外から17作品が参加している）は8月6日広島原爆の日から9日の長崎原爆平和祈念式典をはさんで約1カ月の間、爆心地公園を流れる下の川斜面に、国内外の作品10数点を展示しています。その全長は約100メートルほどになります。爆心地公園には原爆落下中心碑があり、72年前、その上空500メートルで原爆はさく裂しました。一瞬にして爆死した約7万5000人、死傷者約7万5000人、合わせて約15万人が400度の熱線で焼き尽くされ、末期の水を求めてこの下の川で折り重なり息絶えました。そうした方々を悼み、祈り、平和を誓うという意味あいからこの下の川の斜面に子どもたちの平和メッセージ・キッズゲルニカを展示しています。8月9日の平和祈念式典前後には国内外から約4万人の人たちがこの公園を訪れ、祈りと共に、平和について考える大切な場所となっており、世界に向けて平和発信ができる有効な手立てと確信しています」（本書、115頁より）。

平和を生きる日米人形交流▼渋沢栄一とシドニー・ギューリックの親交からキッズゲルニカへ＋目次

平和を生きる日米人形交流

渋沢栄一とシドニー・ギューリックの親交からキッズゲルニカへ

「2017年9月、ロチェスターを訪問した時に、宮崎ザビエル君と友人たちがロチェスター科学博物館でキッズゲルニカを制作していた。」（山下昭子©）

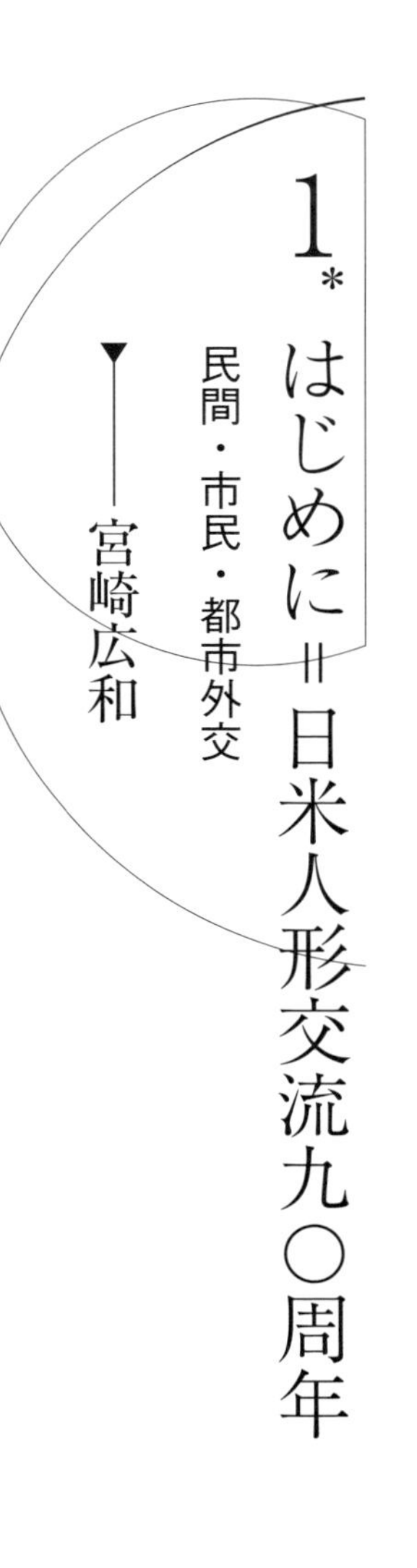

1* はじめに＝日米人形交流九〇周年

民間・市民・都市外交

宮崎広和

一九二七年の雛祭りにあわせて、アメリカの子どもたちから日本の子どもたちへ、「友情人形」（'Friendship Dolls'）約一万二千体が贈られました。日本では「青い目の人形」（'Blue-eyed Dolls'）としても知られるこれらの人形は、全国の小学校や幼稚園に配られ、多くの子どもたちの目にふれました。返礼として、その年のクリスマスに間に合うように、日本の子どもたちからアメリカの子どもたちへ、「答礼人形」五八体が贈られました。この人形を通じた国際交流を提唱したのは、元宣教師で親日家のシドニー・ギューリック（Sidney Gulick）で、日本側では、ギューリックの友人であった渋沢栄一が尽力しました。

日系移民を含むアジア系移民の入国を禁止した一九二四年移民法が米国議会を通過した後、ギューリックと渋沢は、移民法によって緊張した日米関係の修復に動きました。しかし、彼らの努力は報われることなく、日米関係は悪化の一途をたどりました。ギューリックは、友情人形を日本の子どもたちに贈ることによって、世界平和と日米友好という将来への希望を、未来の市民である子どもたちに託そうと考えたのです。

日米で広く注目されたこの国際文化交流は、民間・市民外交のパイオニア的試みといわれています（片桐・一九

九九、是澤・一九九九、など参照)。グローバル化した今日の世界にあって、逆説的にも各国で内向きの傾向が広がり、国際社会は、移民問題、気候変動、核の脅威などのグローバルな緊急課題に一丸となって取り組めない状況にあります。こうした中で、都市、地方自治体、市民が主役となる市民外交の果たす役割が再び注目されつつあります。一九二七年の日米人形交流、そして、この交流に啓発されて、一九七〇年代以降様々な形で続けられてきた日米の市民交流から、今、私たちは、どのようなことを学ぶことができるのでしょうか。

アメリカから贈られた「友情人形」で現存するものはごくわずかですが、第二次世界大戦中、日本各地の学校で、敵対視され、槍で突かれるなど、破壊処分された友情人形もあったといわれています。人形を処分せず、密かに天井裏などに隠した教員もいたことは、戦時下における市民の反戦行為という「美談」として語られてきました(是澤、本書第2章)。本書では、こうした「美談」の枠組みを超え、日米人形交流、そしてその交流が生み出してきた重層的な人間関係を、学問的な視点から検討したいと思います。

二〇一七年には、日米各地で日米人形交流九〇周年を記念する行事がありました。本書は、東京、長崎、ニューヨーク州ロチェスターという日米三都市を結んで開催された答礼人形「長崎瓊子(たまこ)」(ロチェスター科学博物館所蔵)をめぐる一連の企画の記録であり、そして、太平洋横断的な視点から、日米人形交流の今日的意義を再検討しようとするものです。

1——日米人形交流研究の系譜

日米人形交流は、日米で幅広い関心を喚起してきました。ということもあって、これまで、日本語・英語両方で、数多くの著作が出版されています。子ども向けの絵本や物語も多数出版されています(たとえば、武田・一九七九、パレントー・二〇一五、参照)。

これらの出版物の内容は大きく二つに分かれます。一つは、戦時中に敵対視された「青い目の人形」を守るために努力した教員や子どもたち、市民の抵抗の物語です。一九七〇年代に人形交流が日本で再発見された際には、NHKのドキュメンタリーが大きな役割を果たしましたが、やはりそれに啓発された児童書作家の武田英子さんが絵本『青い目の人形メリーちゃん』を出版(武田・一九七九)、その他にも多くの児童書がそうした視点から書かれました。

もう一つは、人形と人形をめぐる人間の交流を記録したものです。行方不明の「青い目の人形」を探す努力も続けられてきました(武田・一九八一、一九九七、一九九八)。また、アメリカに贈られた答礼人形は、それぞれ都道府県や日本統治下にあった諸地域を代表する人形として贈られ、その多くは全米各地の博物館や図書館で保存されてきました。ただ、アメリカ到着時に人形本体と台座の取り違えなどが頻発し、混乱した情報のまま保存されてきたため、これらの人形を同定することが一つの重要な作業となりました。

この作業には、アメリカ研究の高岡美知子さんが努力され、その後日米人形交流に関わる人びとにとって座右の書となる本をまとめられました(高岡・二〇〇四)。アメリカでも、人形研究家で、骨董商でもあるアラン・スコット・ペイトさんが、最近、現存するすべての答礼人形に関する情報や写真を収集し、美術書の形にまとめています(Pate, 2016)。

ここで重要な点は、いずれのカテゴリーの本も、多くは、日米人形交流の「当事者」たちがまとめたものであるということです。そしてこれらの本は、さらに他の当事者の調査・研究を導いてきました。とりわけ、武田英子さんや高岡美知子さんがお書きになったものは、日米人形交流の歴史に多くの関心を集めることに成功しただけではなく、これまで他の人形交流の当事者たちによる調査・研究の拠り所となってきました。ペイトさんも、行方知れずになっていた答礼人形の再発見やその日本への「里帰り」などに努力されていますが、ペイトさんが最近まとめられた美術書も、今後のアメリカでの答礼人形の展示や保全などの活動に重要な役割を果たすことでしょう。青い目の人形探し、答礼人形の同定作業、さらには、里帰りの企画などを通じて、こうした人形が体現することになった平和や国際親善のメッセージの継承に関わってこられた各地の「人形の会」の方々も、展示会図録、絵本、新聞記事、研究論文など様々な形で記録を残されてきました（石井・一九九四、小林・二〇一六、「ミス香川」里帰り実行委員会・一九九八、「ミス長崎」里帰り実行委員会・二〇〇三、二〇〇四）。

反戦という「美談」、あるいは、「人形探し」の物語を記録・継承してきた当事者たちによる研究とは一線を画す形で、日米人形交流の歴史に新しい息吹を吹き込んだのが、是澤博昭さんのご研究でした。是澤さんは、日米人形交流において錯綜する意味と意図、そして誤解、さらには帝国主義下の日本において人形や子どもが帝国主義肯定のために利用されたことを実証的に検討したものです。是澤さんのご研究は、反戦の物語とも、人形というモノへの執着からも少し距離を置いて、あくまでも冷静に客観的な視点で、様々な誤解や齟齬に目を向けながら、人形を通じた人間交流を再検討していったものです。

本書は、是澤さんのご研究を出発点としながら、その視点を「当事者」の視点と再接合しつつ、日米人形交流の研究、さらには、日米人形交流自体の新地平を開こうとするものです。

2――日米人形交流九〇周年記念企画の人的・知的背景

日米三都市を結んだ今回の企画は、幾つかの特別な出会いをそのきっかけとしています。そもそも私が人形交流に関心を持ったのは、私の長男である宮崎ザビエルが九歳の時に、カリフォルニアに住む彼の叔母から送られてきた日米人形交流についての本を読んだのがきっかけでした。この本は、シャーリー・パレントーさんが書いた*Ship of Dolls*（邦題『青い目の人形物語Ⅰ——平和への願い　アメリカ編』）という本です。その後、当時住んでいたロチェスター市のロチェスター科学博物館に答礼人形の一つである「長崎瓊子（たまこ）」があることを知り、二〇一六年春にロチェスター科学博物館で、当時ザビエルが通っていたロチェスター日本語補習校のために特別企画を催しましたが、その際に、子ども向けのレクチャーの準備として是澤さんのご著書を読みました（是澤・二〇一〇）。是澤さんのご研究に啓発された私は早速二〇一六年五月に連絡を取り、六月初めに是澤さんの研究室にお邪魔しました。その後何度も会合を重ね、二〇一七年の一連の行事の計画を一緒に企画したのです。

一方、二〇一六年七月、私は長崎を訪ねました。この訪問は、ロチェスター科学博物館に残された長崎親善人形の会の中心メンバーのお一人に私が連絡したことから実現しました。この時同会の山下昭子会長をはじめ何人かの会員と会う機会をいただいたのでした。その直後ザビエルを連れて長崎を再訪。今度は、長崎原爆資料館や平和公園を山下さんとともに訪れ、人形交流の背景に長崎の被爆体験、そして核兵器廃絶と平和への強い意志があることを確認したのです。その後、私とザビエルは一一月にも長崎を訪問。さらに、私は、二〇一七年には日米人形交換についての本格的な研究プロジェクトを立ち上げ、以来一〇数回にわたり長崎を訪れています。こうしたおつきあいの中で、日米、そして異なる世代をつなぐ九〇周年の記念行事の企画が自然と生まれ、打ち合わせを重ねました。

この企画を進めていくうえで、私には一つの野心がありました。それは、日米人形交流に文化人類学の贈与交換論の視点を導入することですが、究極的には、そうした視点を通じて、人形交流における「当事者性」の枠組みを広げることでした。もともと私の研究プロジェクトも、長男ザビエルの関心に起因するもので、人形交流の当事者のカテゴリーの一つである「子ども」、そして英文で書かれた人形交流についての児童書に啓発されたものでしたが、人形交流九〇周年記念企画は、子どもから人形交流の研究者までも巻き込んだものにしていきたいと思ったのです。

このような視点には、二つの知的刺激がありました。

一つは、是澤さんの研究を受けて、さらに一歩進めた日米人形交流の批判的な検証を展開された、アメリカ女性史の小檜山ルイさんの研究でした（Kohiyama, 2005. 第3章に日本語訳を掲載）。この研究の存在を最初に教えてくれたのは、東京でのシンポジウム（第5章）にも参加していただいた上智大学で日系移民史を研究されている飯島真理子さんでした。小檜山さんの研究は、ギューリックと渋沢という二人の男性の民間人の裏方として尽力した女性たちの姿を浮き彫りにされ、国際関係における平和と友好の象徴としての女性や女性のイメージの利用といった問題点も指摘されています。

この研究は、ある意味で、是澤さんの研究を批判的に展開するもので、是澤さんの研究が、ギューリックと渋沢という民間外交の表の顔を前面に出す枠組みを乗り越えられていない、ということをさし示すものでもありました。私にとっては、人形を通じた日米交流における社会関係の重層性、すなわち当事者の多面性を確認した点で、とりわけ重要でした。

もう一つの刺激は、二〇一六年の夏以来、ザビエルも交えて家族ぐるみのお付き合いを始めた山下昭子さんをはじめとする長崎親善人形の会の皆さんからいただきました。長崎親善人形の会は、二〇〇三年に開かれた長崎瓊子の「里帰り展」後、長崎とロチェスターの交流を含めて人形交流の活動を継続するために結成されました。長崎親善人形の会の活動は、他地域の人形交流団体とは一線を画し、長崎の反核・平和運動とも緩やかな関係を持ちながら、カンボジアでの学校や図書館建設、子どもたちによる平和壁画「キッズゲルニカ」制作活動など、独特の展開をしてきたことは、第4章で検討しています。また、シンポジウムの討論に参加していただいた山下さんも、会の活動を振り返っておられます（第5章）。

さらに重要なことは、長崎親善人形の会が、「キッズゲルニカ」を通じて、子どもたちとのつながりに重点を置いてきたと同時に、地元の大学生や若者の参加者を公募してカンボジアに連れて行くなど、非常にオープンな形で会の活動を広げてきたことです。このように平和と国際親善のための手段と当事者性に広がりを持たせる長崎親善人形の会の志向性が、東京、長崎、ロチェスターを重層的に結ぶこの企画を根底で支えてきたと思います。

3——本書の道案内

本書は、二〇一七年七月二二日に東京の大妻女子大学で開催されたシンポジウムで発表された是澤さんと私の論文と討論に加え、前述の小檜山ルイさんの英文論文の翻訳、本書のもととなる東京、長崎、ロチェスターでの一連の企画を振り返り、民間・市民・都市外交の今日的意義を考える私の論考、渋沢栄一の社会貢献の文脈で日米人形交流の思想的背景を検証する渋沢史料館館長の井上潤さんの論文、そして、二〇一七年の企画からみえてくる人形交流の意義を再考する是澤さんの論考からなります。

第2章で、是澤さんは、前述の日米人形交流についてのご自身のご研究をもとに、人形交流への客観的・批判的アプローチを端的に示します。ここで、是澤さんは、日米人形交流の目的である「相互理解」が必ずしも達成されたわけではないことを指摘しています。日米で「微妙なずれ」、温度差、そして誤解があったといいます。まず、是澤さんは、排日移民法が日本人に屈辱感を与えた、と論じます。「排日移民法を阻止するために、渋沢は政府間の外交を助ける国民外交を展開しましたが、その中でも社会に大きな影響を与えた事業が日米人形交流です」と是澤さんは指摘されていますが、にもかかわらず、人形交流を当時の日本人が理解したとは思えないと指摘されます。というのも、人形は、現実には、東海岸と西海岸の一部の地域からの贈り物であり、しかもそれは、民間組織であるプロテスタント教会組織が実行した贈り物であったわけですが、日本人はあたかもアメリカという国からの贈り物として受け取ってしまったからです。そうした誤解のおかげで全国的な盛り上がりが起きて、答礼人形も「国の威信」をかけた返礼となりました。子ども＝将来・未来という図式の中で、将来の市民が「個人レベルで友好を深める」ことを目的としたはずのギューリックの企画でしたが、人形交流についての戦後の言説や活動も、こうした誤解を踏襲しているのではないか、と問われます。

また、是澤さんは、日本における人形交流の受け入れ方に、日本人のアメリカへの「屈折した感情」を読み取ります。

「答礼人形には日本側のアメリカへ対する気負いがあふれています。それは排日移民法でアメリカから被った屈辱感の裏返しであり、その底流にはアメリカに対する日本人の屈折した感情がながれていたのです。」（本書第2章）

ここで是澤さんは、日本人の側の誤解の背後にある対米感情にふれています。

そこで、是澤さんは、ギューリックと渋沢の主旨に戻る必要があると主張されます。

「彼らの託したメッセージを、今われわれは真剣に受け止める時期にきているのではないでしょうか。国際的な視野で盛んに文化交流が行なわれている今日、その主役は民間人の側に移っています。繰り返しますが、日米人形交流は民間人による国際文化交流の先駆的な実践例です。この人形交流にはどのような意味があり、そしてそのどこに限界があったのか、これらのことを改めて考え直す時期にきています。」（本書第2章）

このように提唱される是澤さんは、ギューリックと渋沢が主導した一九二七年の人形交流が生み出してきた理解と誤解は、今日の世界における民間外交の役割を考えるうえで有益だと議論を展開されます。こうして、「すれ違い」を直視することによってみえてくる「本当の意味」を是澤さんは探ります。

第3章は、前述した、小檜山ルイさんが二〇〇五年に出版された英文論文の日本語訳です。小檜山さんは、主としてアメリカ女性史、とりわけアメリカの女性宣教師の歴史的研究をしてこられました。最近、小檜山さんは、ルーシィ・ピーボディという女性宣教師についての研究書を出版されましたが、このルーシィ・ピーボディは、シドニー・ギューリックとともに日米人形交流を組織した人です（小檜山・二〇一九）。この論文は、そうしたピーボディ研究の副産物の一つといっていいかもしれませんが、日米人形交流の研究史を考えるうえで、とても重要な研究だと思います。人形、しかも主として女性の人形が交換された日米人形交流において、ジェンダー論的視点が重要であることは、不思議なことではありません。しかし、こうした視点は、日米人形交流に関するこれまでの研究に欠落しています。

第4章では、私が、一九七〇年以降の日米人形交流をめぐる様々な活動の展開について検討し、特にロチェスターにある答礼人形「長崎瓊子（たまこ）」をめぐる人間と人形の交流を分析します。ここで、議論の中心となるのは、二〇〇三年以降、国際市民交流を続けてきた長崎親善人形の会の活動です。

是澤さんが理解と誤解に焦点を当てたとすれば、ここで、私は、人形交流の中心には、「贈与交換」があると論じます。贈与交換の視点で人形交流を再評価すると、たとえお互いの意図や関心を理解し合わなくても、誤解しつつも交流・交換を続けることには、それ自体に意味があるということになります。基本的に、交換は共同作業です。共同作業を通じて、様々な人びとを巻き込んでいくことで、相互理解とはまた別のものが共有されると考えるからです。また、第4章は、私が長崎瓊子、そして長崎親善人形の会と関わるきっかけを作った長男の宮崎ザビエルがシンポジウムで行なったスピーチで締めくくられます。

第5章では、二〇一七年七月二二日に東京の大妻女子大学で行われたシンポジウムでの議論が紹介されます。第2章と第4章で紹介された是澤さんと私の議論に対するコメントとそれに関連する討論から構成されています。まず、渋沢研究会会員で、みずほフィナンシャルグループ名誉顧問の塚本隆史さんが、英国のEU離脱や米国トランプ政権の気候変動に関するパリ合意離脱など今日の国際関係の大きな流れとの関連で、人形交流の意義を議論されています。次に、上智大学外国語学部で日系移民史や日米関係史の研究をされている飯島真理子さんは、日系移民、そして日本国内の移民をめぐる諸問題との関連で、人形交流の今日的意義について議論されます。長崎親善人形の会の山下昭子さんが、この二〇〇三年以来の長崎親善人形の会の活動と取り組みを振り返ります。最後に進行役を務めた渋沢史料館の井上潤館長は、このシンポジウム自体を贈り物として提示され、聴衆の皆さんとの共同作業へと誘います。

是澤さんの希求する人形交流の「本当の意味」、そして、私の希求する「交換を通じて生まれる相互理解とはまた別のもの」が何か、討論を通じて少しずつみえてくるように思えます。

第6章では、私が、二〇一七年に東京、長崎、ロチェスターで行なった九〇周年記念行事の概要を示し、その意義を、都市外交・市民外交という視点から検討します。

第7章では、井上潤さんが、日米人形交換への渋沢栄一の取り組みの思想的背景について議論されます。井上さんは、渋沢の経済活動や社会事業の根底には、「人間性」と「正義の原理」への強い意志があり、また、そこに国際平和の実現へ向けた渋沢の努力の根拠を見出されています。

最後に、「おわりに」で是澤さんは、二〇一七年の企画の成果を踏まえて、日米人形交流から日満親善交流へと展開した戦前の展開を辿りながら、将来へ向けた人形交流の展開の意義を改めて問います。

●参考文献

石井雍大『青い目の人形』共同ビデオ出版、一九九四年。

小林尚美『青い目の人形　甲南のメリーさん』（寺﨑いずみ・絵）甲賀文化輝き、二〇一六年。

小檜山ルイ『帝国の福音――ルーシィ・ピーボディとアメリカの海外伝道』東京大学出版会、二〇一九年。

是澤博昭『青い目の人形と近代日本――渋沢栄一とL・ギューリックの夢の行方』世織書房、二〇一〇年。

高岡美知子『人形大使――もうひとつの日米現代史』日経BP社、二〇〇四年。

武田英子『青い目の人形メリーちゃん』（落合稜子・絵）小学館、一九七九年。

武田英子『青い目をしたお人形は』太平出版社、一九八一年。

武田英子『友情の人形は　海をこえて』（うすいしゅん・絵）ドメス出版、一九九七年。

武田英子『人形たちの懸け橋――日米親善人形たちの二十世紀』小学館、一九九八年。

パレントー、シャーリー『青い目の人形物語I――平和への願い　アメリカ編』（河野万里子訳）岩崎書店、二〇一五年。

「ミス香川」里帰り実行委員会『お帰りなさい「ミス香川」――日米親善人形交流展』「ミス香川」里帰り実行委員会、一九九八年。

「ミス香川」里帰り実行委員会『「ミス香川」里帰りの記録――ふるさとの出あいとふれあい』「ミス香川」里帰り実行委員会、二〇〇〇年。

「ミス長崎」里帰り実行委員会『お帰りなさい「長崎瓊子」――日米友情人形の里帰り展』「ミス長

崎」里帰り実行委員会、二〇〇三年。
「ミス長崎」里帰り実行委員会『「長崎瓊子」里帰りの記録——平和を願う心の証として未来への伝言』「ミス長崎」里帰り実行委員会、二〇〇四年。

*

Kohiyama, Rui. 2005. "To Clear Up a Cloud Hanging on the Pacific Ocean : The 1927 Japan-U.S. Doll Exchange." *Japanese Journal of American Studies*. 16 : 55-80.

Pate, Alan Scott. 2016. *Art as Ambassador: Japanese Friendship Dolls of 1927*.

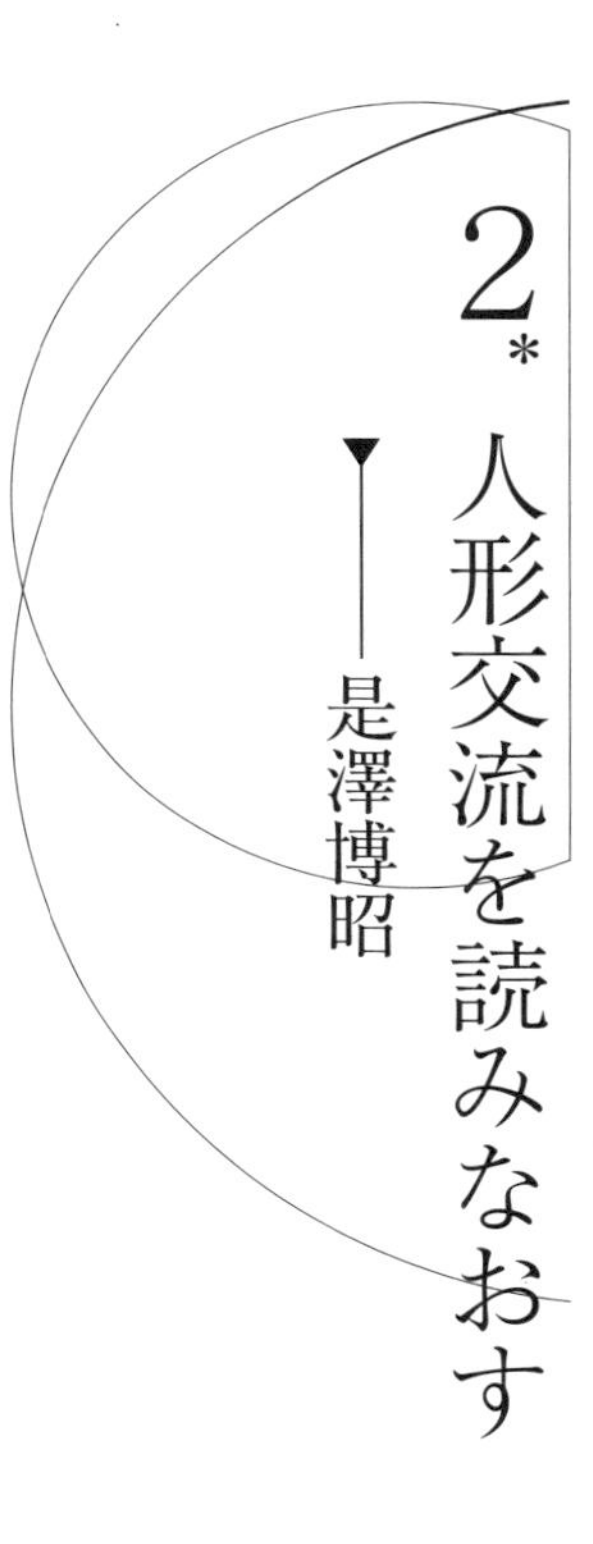

2* 人形交流を読みなおす
▼——是澤博昭

1——はじめに

今から九〇年前の一九二七（昭和二）年、約一万二千体の友情の人形‘Friendship Dolls’、いわゆる〝青い目の人形〟が、アメリカの子どもたちから日本へ贈られ、日本国内で熱狂的に歓迎されました。それがきっかけとなり、日米の子どもたちによる人形をとおした親善交流へと発展します。

その提唱者がシドニー・L・ギューリック（一八六〇～一九四五、写真1）であり、その実現に貢献したのが渋沢栄一（一八四〇～一九三一、写真2）でした。彼らの目的は国家という枠を越えて、子どものうちから他国の文化や生活の違いへの理解を深めることで、世界平和の夢を未来に託すことでした。これは当時移民問題で悪化した日米間の世論の改善をめざした、民間人による大規模な国際文化

写真1　シドニー・L・ギューリック

ギューリックは約20年、日本に滞在した（横浜人形の家所蔵）

交流です。国際交流の担い手として民間人の役割が重視され始めた今日、この人形交流には先駆的な事例が数多く含まれています。

2――渋沢栄一の「国民外交」

まず人形交流の実現のために、なくてはならない役割を果たした渋沢栄一をご紹介します。渋沢栄一は、攘夷の志士から幕臣、そして明治政府の役人になるなど、幕末から明治の激動の時代を、数奇な運命をたどりながら生き抜いた人物です。そして大蔵省を退官すると、日本に欧米風の財界をつくるために力を尽くし、近代日本のあらゆる産業をおこしたといっていいほどの活躍をしました。生涯にわたり設立・援助した企業は五〇〇社ともいわれ、単なる実業家、資本家ではなく、「近代日本の民間経済界」をつくり上げた人物です。

また利益と道徳が両立する経営精神を説き、文化を支援し、東京養育院をはじめ障害者や貧しい子どもの施設を助け、女子教育を支援し、国際交流にも尽力しました。彼の偉大さは、社会福祉・教育・国際親善や民間交流の三つの分野を中心に社会的貢献をしたことにも表われています。なかでも近年日米関係を悪化させていた日本人移民の排斥問題の解決のために、余生をささげたことが注目されます。

当時アメリカでは、選挙で選ばれた代表者が、政治を行なうシステムが確立されていました。つまり議会制民主主義が定着して、世論を無視

写真2　渋沢栄一

友情人形を持つ渋沢栄一〔1927年3月3日〕(渋沢史料館所蔵)

しては政治が成りたたない段階にさしかかっており、国民レベルで親善を深める必要がありました。その担い手として、日米両国の政財界に太いパイプを持つ渋沢栄一が期待されたのです。

渋沢も、これからの外交は政府や外務省ばかりではなく、国民一人ひとりが政府を助けなければならないと考えました。彼は日米関係委員会をはじめ様々な人とのネットワーク、つまり本日のテーマである「人と人とのつながり」を築き上げ、渋沢独自の「国民外交」を展開します。そのアメリカ国内の有力な協力者の一人がギューリックでした。

3——ギューリックとの出会いと帰国

ギューリックが渋沢に出会ったのは、アメリカに帰国する二、三年前です。彼は、アメリカ最初の超教派的な外国伝道団体であるアメリカン・ボードの宣教師として、一八八八(明治二一)年に来日し、一九〇六(明治三九)年からは同志社大学神学部で教鞭を取るなど、二〇年以上も日本に滞在しました。また、声だけを聞いていると日本人が話しているのか、と思うくらい流暢な日本語を話した、といいます。英語を理解しない渋沢にとって、彼は気軽にコミュニケーションをとることのできるアメリカの知識人であり、その一途で純粋な人柄とあわせて、渋沢の「国民外交」における大切なパートナーの一人でした。

資料として二人の出会いが裏付けられるのは、一九一二(大正元)年に渋沢が主宰した「帰一協会」というキリスト教や仏教、儒教をはじめ、あらゆる宗教や思想界の統一をめざした団体での集まりでした。その会にキリスト者として参加したのがギューリックです。後年ギューリックは、「進歩的で、理想主義的な愛国者の小さな集まりを通して渋沢と初めて会った」と回想しています。時に、渋沢七二歳、ギューリック五二歳でした。したがって二人の出会いは渋沢の晩年のことでした。

「帰一協会」の発起人に名を連ねたギューリックは、例会で講演するなど、設立当初の主要メンバーとして精力的に活動しています。しかし翌年の一九一三（大正二）年六月、病気療養のために帰国します。

ギューリックが一時帰国のつもりでサンフランシスコに到着すると、日本人移民の排斥が大きな問題となっていました。アメリカ政府としては、排日問題は日米関係の悪化をまねくばかりで外交上何一つメリットはありません。できるだけ穏便にすませたいのですが、先ほど申し上げたように国民の世論は無視できません。当時サンフランシスコあたりで排日運動をすると、選挙で票が集まり、新聞も売れるなど、政治家やマスコミも一緒になり、扇動的な排日世論が盛り上がっていたのです。

ギューリックは、日米関係をこれ以上悪化させないために、同志社大学教授の職を捨てて、アメリカ国内にとどまり日米関係の改善運動に没頭します。そして日米関係委員会などをとおして、アメリカ国内の協力者として渋沢との連携を深めます。このようにみていくと日本滞在中はごく短期間の接触で、あまり深いともいえなかった二人の関係は、むしろギューリックの帰国後に深まるといえます。

4——「移民法」への不安と改正運動

しかし彼らの努力もむなしく、排日問題はますます悪化します。一九二四（大正一三）年には実質的に日本人移民を締め出す移民法（以下、「排日移民法」と記す）が成立します。

当時、アメリカは移民の増大に頭を悩ませていました。そこで今いる国内在住者の出身国別の比率で、移民数を制限しようとしました。しかし、白人でも黒人でもない、いわゆる黄色人種である日本人はアメリカに帰化できない外国人に分類され、移民の「割当国」には入れられなかったのです。このような人種差別に対して、当時の日本人はプライドをいたく傷けられたのです。

ご存知のように、近代の日本は欧米列強諸国に仲間入りするために、猿まねと笑われても、これまでの生活文化の伝統も捨てて、政治をはじめ学校制度の導入など、あらゆるものを西洋化するために懸命に努力を重ねました。そして日露戦争後は、目にみえないものを含めて多くの犠牲を払い世界の「一等国」になった、列強の仲間入りをした、と日本人の多くが自覚するまでになりました。しかし排日移民法は、（とんでもない思い上がりですが）「遅れた国」である他のアジア諸国と日本を同じレベルで扱っている、と日本人の多くは理解したのです。そして何よりも（白人の）列強諸国はすべて移民の割り当て国に入っているのに、そこから日本だけを仲間外れにしたことに憤慨したのです。

この点に関しては、一般の国民はもちろん、新渡戸稲造など知米派知識人、そして渋沢も同じです。つまり、日本にとってアメリカに移民を送る、送らないという問題はどうでもよかったのです（事実日本は、自主的に移民を制限していました）。そうではなく日本人は列強諸国の一員であるという大日本帝国の体面にこだわったのです。

このような屈辱感は、今の私たちには想像がつかないかも知れません。しかしそれは、ある意味では国民の多くが共有する意識でした。日本の新聞雑誌はヒステリックに騒ぎ立て、各地で抗議集会が開かれ、日本人の大多数が憤慨し、アメリカへの反発で国内は異常な興奮状態につつまれます。排日移民法の成立に抗議して割腹自殺する人まで現われ、街には「米国討つべし」という声がいたるところで叫ばれ、日米関係は最悪の事態となりました。

排日移民法の成立から約半年後に渋沢は、彼に協力してくれたアメリカの知人や友人七〇余名に感謝の手紙を送っています。しかし、ギューリックだけには、もう一つ書簡が添えられていました。なぜなら渋沢はギューリックに絶対的な信用をおいていたからです。彼にだけには自分の本心を伝えたかったのです。

渋沢の心配の種は、今声高に排米を叫んでいる世間の人びとよりも、黙っている有識者や若者の気持ちにありました。彼らの心の内に宿ったやるせない屈辱感が、やがてアジア主義を助長し、またそれが扇動者に利用されるのではないか、指導者の世代交代が始まった日本では、それが極端に走り、歯止めがきかなくなる恐れがある、という不安をギューリックだけには話しています。

渋沢はギューリックに、このような現状をふまえて排日移民法改正運動をアメリカ人自身の手で進めるよう要請します。ただし渋沢に宛てたギューリックの書簡をみるかぎり、彼は人の善意を純粋に信頼するキリスト者という印象を、私は受けます。彼は多くのアメリカ人が冷静さを取り戻しさえすれば、日米間の誤解が解け排日問題は解決する、と単純に信じていました。

しかし排日問題の中心は、カリフォルニア州をはじめとするアメリカ西部の労働者たちです。当事者ではない聖職者や東部の親日家にばかり頼るギューリックの行動は、カリフォルニア州の排日派に政治的に利用されます。そして、逆に排日移民法の成立により収まりかけていた西部の排日熱を再燃させました。さらに一途な彼の行動が、アメリカ国内の親日家からも批判され、ギューリックは孤立し、政治運動から身をひかざるをえなくなります。それでもあきらめきれないギューリックに残された道は、親日感情を増進させる教育運動だけでした。

5――〝Doll Project〟＝友情人形の誕生

一九二五（大正一五）年四月一五日付の渋沢に宛てた手紙には、これまであまり聞いたことのない日米親善の〝Doll Project〟が記されていました。彼は教会組織などを活用してアメリカの子どもたちから日本の雛祭に〝友情人形〟を贈り、子どもたちの親善と交流をはかることで、日米関係を改善することを考えたのです。

国と国とが仲よくするためには、まず国を構成する源である国民一人ひとりが相手の国の文化を理解することが大切です。しかし、すでに偏見を持っている大人は、なかなかこれを受け入れてくれません。そこでギューリックは、明日の子どもたちに夢を託しました。その第一歩として、アメリカの子どもたちが日本の雛祭に人形を贈ることで、幼い子どもたちの間に友情の絆を築くことをめざしました。

ではなぜ人形だったのでしょう。先ほど申し上げたように、基本的には玩具にすぎない西洋人形とは異なり、日本には独特の人形文化、たとえば子どもの健やかな成長を願う人形祭（雛祭）があります。その日、日本の子どもたちは多くの人形を持ちより雛段に飾ります。ところが欧米では、人形は玩具か衣料品店などで衣裳を着せて陳列するマネキンのような存在です。ここにギューリックは、異文化交流の可能性をみつけました。子どもの身近な遊び道具でありながら、日米両国で文化的に大きな違いある人形を通して、互いの理解を深めることで、将来生まれるかもしれない文化的偏見の芽を取り除こうとしたのです。

彼の発案で発足した「国際児童親善会」の小冊子『可愛いお人形が親善のお使』*DOLL MESSENGERES of FRIENDSHIP* には、日本の雛祭を次のように紹介しています。

> 日本人の家庭には雛祭（called the "Hina Matsuri," Festival of Dolls）という美しい習慣があり、毎年三月三日に行はれます。その日には、仕舞って置いたお母さんの人形をはじめ、お祖母さんの人形、そしてそれ以前から家にある人形を持ち出してお祭りをするのです。人形はよくみえるように雛段に並べられます。女児は幼い子も年長の子どもも一緒に晴着を着て、雛段に飾られた古い人形をみて廻ります。この日のために新しく買った人形を、人形たちの仲間に加えて次の世代の人へと伝えることもあります。

そして、アメリカの学校や家庭の子どもたちへ、二つの提案をしています。

一、日本の美しい雛祭のこと、また、日本人が子どもや家庭を愛することを知り、そうして日本という国に親しみを持つようになること。

二、アメリカから沢山の人形を贈って日本の人形仲間を訪問させ、アメリカの子どもの好意と友情を伝えるお使い（Messengers and Ambassadors）をさせること。

日本の雛祭をとおして日本文化にふれるきっかけをつくるという人形計画は、日本での滞在経験が長く、日本の生活文化を深く理解した、ギューリックならではの発想でした。その宣伝のため彼は、「美シキ雛祭ノ写真各種取交ゼ一二枚程」送るように渋沢に要請しています。

国際児童親善会では、募金やバザーなどを開いて、子どもたちが中心となり日本へ贈る人形の購入資金を集めるよう、教会や学校などで呼びかけました。ある学校ではクラス全員が分担して購入した人形の衣裳をつくり、名前をつけ、手紙を添えました。そして人形には、まるで人間のようにパスポートや旅券まで持たせたのです。

さらにギューリックは、教師や母親にも人形計画を教育上有益な出来事として利用するように求めています。日本やその周辺のアジア諸国に関する資料をあつめ、その生活文化や地理歴史を紹介することで、子どもたちの知識を広め、興味を持たせること、さらに展覧会などを企画して、人形計画への参加者だけではなく、地域の人びとにも人形をみせる機会をつくるよう提案しています。「幼いアメリカ国民の心に日本に対する真の友情を芽生えさせる」こと、人形計画の狙いをギューリックはそう語ります。これは一〇年後、二〇年後の人びとに託した世界平和の夢でした。

こうしてアメリカの子どもたちの好意と友情を、日本の子どもたちへ伝える親善使節である「友情人形」約一万二千体が誕生しました。これは子どもを中心とする大人をふくめた市民参加型のボランティア運動でした（写真3）。

6——人形交流の広がり

しかしこの計画を聞いた日本の外務省は、困ってしまいます。このような大量の人形を受け入れる機関もなければ、配布する方法も予算もありません。しかも悪化した対米世論を好転させるどころか、逆効果になる恐れさえあります。そのうえアメリカ政府による公式な申し入れでもありません。ギューリックという一民間人の計画です。したがって、日本政府が公式に受け入れることもできません。

そこで外務省はギューリックのよき理解者であり、民間人である渋沢栄一に助けを求めます。その結果責任者を渋沢だけにして、外務省・文部省が協力することにしました。つまり渋沢一人が日本側の窓口となることで、あくまで民間人による親善外交の形をとることにして、もし日本の国内世論やアメリカ世論の反発があった場合に、日本政府にまで責任が及ばないように備えたのです。

渋沢は「日本国際児童親善会」という受け入れ団体をつくり、外務省には輸入関税の免除を、文部省には人形の配布を依頼します。予算がないと渋る両省を説得して、人形の受け入れにかかる経費の半分以上を渋沢の関係団体が負担することまで約束します。

写真3　友情人形の荷造をする日米の少女

（横浜人形の家所蔵）

一九二七（昭和二）年早春、約一万二千体の友情人形が次々と贈られ、文部省により全国の各小学校、幼稚園へと配付されました。各地で盛大な歓迎会が開かれ、国から県、市、学校とそれぞれ場所と規模を変えて、繰り返し歓迎式が行なわれ、地域住民まで広がる国民的行事となりました。「友情人形」は「青い目の人形」という愛称で、全国の子どもたちに強烈な印象を残したのです。

友情人形の多くは、アメリカン・コンポジションドールと呼ばれる人形で、アメリカを代表する人形メーカ三社から、主に子どもたちの募金で購入された人形です。手足が動き、寝かせると目を閉じ、抱き起こすと「ママー」と声を出す仕掛けがある人形もありました。友情人形についていち早く調査された作家の武田英子さんは、当時の小学生の人形への思い出を次のように紹介しています（武田・一九八一）。

わたしの幼いころは、外国製のお人形さんなんて、とくに地方ではめったに見られない珍しい時代でしたので、金髪の目のパッチリしたドロシーさんを大歓迎したものです（宮崎県）。

……人形は講堂に飾られて、子どもたちが列をつくって順番に見物しました。何人かが組になって、人形にさわらせてもらいました。なにしろ、目をつむったり、泣いたりするのですから、びっくりしました（東京都）。

寝かすと、「ママァ、ママァ」と泣くのがめずらしくて、悪童たちは競争で、先生の目をかすめてはケースからとりだして、人形を泣かせました（徳島県）。

しかも、当時の歓迎会の写真にうつる日本の地方の子どもたちの多くは着物姿です。洋服を着た人形がとてもめ

ずらしかったようです。高知県では、

当時、人形はかなりぜいたく品で、金髪の人形なんてお店にもおいていませんでした。子どもはみんな木綿の着物姿で洋服が珍しかったころです。たくさんのフリルの付いた服やレースの縁取りのある靴下、靴や帽子も絵本から抜け出てきたようでした。「ママー」と声を出すのも不思議で「きっとアメリカはおとぎの国なんだ」と思った記憶があります。

という証言もあります。日本の子どもたちが友情人形の姿や構造に驚き、憧れたのも、当時の日本の生活水準などからみて当然のことでした。

写真４　三重県片田尋常高等小学校での友情人形歓迎会

（横浜人形の家所蔵）

ギューリックは先生たちが選んだ各学校の優等生に特別賞として友情人形を贈り、それを貰った日本の子どもが直接アメリカの子どもたちと交流する、というイメージを抱いていました。しかし人形を貰うことのできなかった子どもたちの気持ちを考えると、各学校単位で友情人形を配布して、毎年三月三日に全校をあげて友情人形を飾り雛祭をする、そのほうが教育的にもいいのではないか、と文部省はギューリックに提案しました。それに彼も賛成したので、友情人形に直接関係する子どもたちの数は飛躍的に拡大しました。友情人形は、名実ともに日本の子どもたちへの贈り物となったのです（写真４）。

一九二七年頃、全国の小学校・幼稚園は約二万六千校ありました。

配布された友情人形は約一万一千体です。単純に計算すると、二・四校に一体人形が贈られたことなります。横浜人形の家の所蔵写真をみると、小学校一年生が児童総代として歓迎の言葉を檀上で述べている様子、日本人形に囲まれた友情人形の写真、はては相撲大会を友情人形に観戦させたり、園児が雛人形に仮装して歓迎会を開く場面など、様々な工夫に富んだ、各学校ならでは熱烈な歓迎ぶりが伝わってきます。

マスコミも連日好意的に報道し、あれほど悪化していた日本国内の対米世論は好転し、日本中が友情人形歓迎一色に染まります。そこで渋沢は、ここまで盛り上がった日米親善熱をよりたしかなものにするために、力を尽くします。日本の子どもたちの一銭募金により五八体の答礼人形を製作し、お礼をすることにしたのです。友情人形への社会的な関心の高さにくわえて、お返しは当然という雰囲気もあり、参加者のすそ野はより大きく広がりました。

7——太平洋を渡る答礼人形

募金に参加する児童は、友情人形が贈られた学校の女子約二六九万人が想定されていました。しかし、歓迎会には男子も参加していること、配付校を中心に近隣の学校が合同で歓迎会を催したこと、さらにその保護者や教員など、より多くの人びとが関係しています。したがって募金も順調に進み、目標金額を大きく上回りました。これらのことを鑑みると、日米人形交流は、国民的規模で行なわれた日本で初めての民間人による国際文化交流であったといえます。

答礼人形一体分の標準価格は、およそ三五〇円でした。当時の統計によれば男子工員の平均日給は二円五五銭ほど、月に二五日働いたとしても六四円ほど、という計算になります。街でよく売れる（答礼人形と同じ形の）市松人形の価格は一円〜六円、特別高価な人形でも七〇〜八〇円が上限だったようです（もちろん特注品は別です）。しかし、安価のものは素朴で品質もあまりよくありませんでした。
一方友情人形は、（着物なしで）三ドル、しかも先ほど申し上げたように日本の子どもたちが憧れるほどの美しさで、目を閉じ、声をだすという機能まで備えた完成度の高さでした。それがアメリカでは子どもたちの募金を中心に、わずか半年間で一万二千体も集まったのです。人形一つをみても、当時のアメリカと日本の経済力には大きな差があったといえます。しかも基本的には職人による手作り的要素が強い日本人形は、その製作工程を考えると、短期間に大量に生産することにも無理がありました。そこで日本側は量よりも質を重視して、数を絞り、日本人形の美的水準の高さをアメリカの人びとにみせようとしました。すなわち、代表人形および六大都市の七体と各道府県を代表する五一体を、それぞれ京都と東京の職人が分担して製作し、合計五八体の答礼の人形をつくったのです。その代表となる人形を渋沢栄一が「倭日出子」と命名し、各府県の人形は東京花子、長崎瓊子、筑波かすみ、日光幸子など、それぞれ出身地にちなんだ名前が付けられました。

写真５　ニューヨークでの答礼人形歓迎会

（横浜人形の家所蔵）

答礼人形は、各地で披露された後、一九二七年一一月四日明治神宮外苑の日本青年館で、皇族をはじめ、文部大臣、外務大臣、アメリカ大使のほか、二〇〇〇人の日米の少女たちが集まり、盛大な送別会が開かれました。そしてクリスマスに間に合うように横浜を旅立ったのです。一一月一〇日、横浜港を出発する時には、東京・横浜の小学生約二五〇〇人が見送り、代表人形倭日出子が甲板に立ち、別れを惜しんだといいます。

一九日ハワイ、二五日にはサンフランシスコに入港して、在米日本人たちの熱烈な歓迎を受けました。その後、答礼人形は二手にわかれて二ユーヨークに向かい、各地の歓迎式に出席しながら移動しました。ワシントンでは、松平恆雄駐米大使夫妻主催の午餐会やナショナル・シアターで答礼人形の公式歓迎会が開かれ、松平大使の令嬢からデービス労働長官令嬢へ代表人形が手渡されました。翌日のニューヨークでも、オートバイの先導で車に乗るなど、まるで賓客なみの厚遇を受け、歓迎会の後、デパートに展示されたといいます（写真5）。

アメリカ巡回中の五四日間に公式歓迎会だけでも五三回をかぞえ、その後各州の美術館等に保管されました。日米両国内の悪化した国民世論を改善するという意味では、人形計画は大成功でした。国と国との交流という枠を越え人と人との交流をめざして、子どもたちに世界平和を託すギューリックの夢は、渋沢栄一の協力をえて、ここに小さな花が開いたのです。

8——人形交流への誤解

繰り返しますが日米人形交流の目的は、他国の生活や文化にふれることで互いの理解を深め、文化的偏見を予防することにありました。排日移民法を阻止するために、渋沢は政府間の外交を助ける国民外交を展開しましたが、その中でも社会に大きな影響を与えた事業が日米人形交流です。しかし友情人形が日本で熱列に歓迎されたことと、人形計画の理念と目的が日本人に理解されたこととは、別問題です。

当初から友情人形への日本とアメリカ側の対応には、微妙なずれがありました。人形交流は、あくまで排日移民法改正運動に破れたギューリックの教育キャンペーンの一環です。つまり、子どもを中心に市民一人ひとりが個人レベルで友好を深める文化交流です。

人形の集まり具合をみても東部一九州とカリフォルニア州の計二〇州で全体の九一％が集中するなど、地域的にも偏りがあります。しかも、ギューリックが活動の拠点としていたニューヨークを中心に、近隣のオハイオ、ペンシルバニア、マサチューセッツ、ニュージャージーの上位五州で約六〇%を占めています。人形計画への参加者は、ギューリックあるいは渋沢の人脈の及ぶ限られた地域が中心で、すべてのアメリカ国民がこぞって参加したわけではありません。日本に好意を持つアメリカ国民の友情の証が友情人形でした。

しかし大多数の日本人は、友情人形をアメリカという国家からの贈りものと誤解し、大歓迎します。文部省をはじめ国をあげて熱烈な歓迎会を開き、各学校でも儀式的な歓迎会が行なわれました。そして大日本帝国の威信をかけるようにして、答礼の人形が製作されたのです。

たしかに答礼人形も、日本の子どもたちによる募金でつくられています。しかし参加者には、市民レベルで日米親善をはかるという意識はみられません。文部省の主導のもとに、各学校間で競って募金をしたという感が否めません。しかも生産力の点から、質量ともにアメリカと同じレベルの人形を集めることは不可能なので、数を限定して最高級の人形をつくり日本の人形文化を誇示するなど、答礼人形には日本側のアメリカに対する気負いがあふれています。それは排日移民法でアメリカから被った屈辱感の裏返しであり、その底流にはアメリカに対する日本人の屈折した感情がながれていたのです。

9――近代日本のコンプレックス①――大連の反発

では屈折した感情とは何でしょう。それは「近代日本のコンプレックス」とでも呼ぶしかない、反米と拝米との間を極端に揺れ動く、当時の多くの日本人が共有する自尊心でした。それが排日移民法の成立時には、欧米列強諸国から仲間外れにされたというヒステリックな反米世論となって表われました。しかし裏を返せば、そのようなコンプレックスは、欧米列強諸国への憧れでもあるのです。それが日本の伝統行事である雛祭に、アメリカ国民が人形をとおした文化交流を企てた、と一方的に誤解した日本人のプライドをくすぐり、熱狂的な歓迎となったのです。たとえば、当時の外地（朝鮮・関東州）に送られた人形の運命には、反米と拝米の間で揺れ動く、日本人の心性の一端がよく表われています。

中国から借りた土地である関東州大連では、初め国内よりも熱狂的な人形歓迎会が催されました。少女二四名がオープンカーに人形とともに同乗して市内をパレードし、その様子をラジオで放送するなど、工夫を凝らした歓迎会と大騒ぎに眉をひそめた人も少なくありませんでした。そしてそのあまりの親米ぶりに嫌悪感を抱いた一市民の『満州日日新聞』への投書がきっかけとなり、一転して友情人形は大連市民から排撃されます。その投書をご紹介しましょう。

朝日小学校職員諸氏に

偽善の国から送ってきた青い目の人形の歓迎で日本の内地到る所の津々浦々から遠く（ママ）満州の果まで大騒ぎです、私は送ってくれた相手がバイブルと剣の宮本武蔵をやる亜米利加だけに皮肉な苦々しい思いに堪えない、当市の朝日小学校でも国際児童親善会の趣旨に賛して歓迎のパンフレットを出して児童に頒布しました、私は之等の経費が保護者会の支出であるなら不承認を表明したいと思って十六日の保護者会に出席しましたが、国本校長のお話で亜米利加人形の歓迎会が必ずしも一部不心得な教育者流に迎合したものでもないことがわかったので、之を諒として質問を遠慮して帰りましたが、保護者会開会前に青い目の人形の写真を撮ったり高野某の歓迎歌を合唱したりなどして大いに日米親善を発揮したと聞いて不快に思いました、ギユリツクという米人は悪人ではないでせう、一億近い米人の中にはギユリツクのやうな人が三人や四人はいませう、然し人類愛を看板にして内心毒牙を研いでいる大多数の米人との親善を幼い頭に無条件で鼓吹するとは危険至極だと思はれます……

この投書は大連市民の大きな共感を呼び、一転して反米論が新聞紙上で急速に拡大しました。日常的な市民の声を反映する小さな投書欄に続々と、賛同の投書が寄せられたのです。

もちろん大連市民の中には冷静な人もいました。その数日後に、このような風潮を諌めるかのような、意見が掲載されました。

碧眼人形歓迎に賛成

……私は米国の排日を子供達の純な心持に植付けたくない、よし十歩譲って人形を送る主催者が斯うした野心を持って幾千の子供を利用したと仮定しても米国の子供達が人形のために時間を割いて着物なり靴なりを作った心持が私はそれが尊いと思ふ、従ってこの心持は為政家の為にする排日などと同一視すべきではないと思ふ、子供の世界にはそんな大それたたくらみは決してないから安心するがいい、国際愛は真に人類に幸福を与へるのである、大和魂の真価はここに立脚せねばならないのだ、

次は（友情人形歓迎会の）お祭り騒ぎと自動車で市中練り歩きの問題だが子供達の喜びと悲しみには大人も出来るだけ好意を持ってやりたい、子供が喜ぶなら一所に喜び、子供が悲しむならそれを適度に慰めてやるがよいと思ふ、米国の子供達の純な心持ちで送ってくれた人形に対して喜んで迎える——それは当然のことである、子供と一所に大人も共に喜んで折角の遠来のお客様をもてなしてこそ本統の大和魂が発揮されるのだ、

この投稿者の主張は、友情人形送付の意義をある程度理解しています。しかし、彼の投書は大連市民に支持されるどころか、批判の矢面に立たされ、反論が続々とよせられます。やがてアメリカに対する露骨な偏見とナショナリズムが横行し、これをきっかけにして「パパ・ママ」という呼び名を改正して大和魂復活運動の第一歩にしよう、という提唱者が現われ、果てはこの歓迎会に関係した教育者が詰問されるのです。

『満州日日新聞』の紙面では、歓迎の是非を問う投書が計一七通、約三週間にわたって掲載されていますが、その大多数が反対の意見です。文部省や関東庁等を通して配布された人形は、初め国内と同じく、いやそれ以上に教育関係者を中心に大連市民から熱烈な歓迎を受けました。しかしそのような歓迎会は子どもたちにとって有害だ、と感じた一保護者の投書をきっかけに、市民たちの不満が爆発し、執拗なまでの排撃がおこったのです。そして二番目に紹介したような冷静な意見は、まるでスケープゴートのように批判の的になり、次に人形歓迎会を催した行政や教育関係者が突き上げられるなど、非難はエスカレートします。ここでは国家という枠組みを離れて個人と個人がお互いに友好を育むという本来の目的は置き去りにされています。日本対アメリカの国家間の問題にすりかわり、(行政や満鉄・軍ではなく)大連市民から批判が湧きあがり、熱い議論が展開されているのです。

満鉄(南満州鉄道)学務課では、関東州とともに世界児童親善会のパンフレット約一万五千部を配付して人形交流の意図を説明しています。それにもかかわらず大連市民には、「アメリカ議会の決定を憂慮する日本に好意を持つ一民間人からの親善の表明」という人形交流の真意はほとんど理解されていません。それどころかこのような市民レベルの交流というギューリックの発想そのものが、当時の大連市民の理解を越えていたのではないか、とさえ考えられます。大連市民の論調が「友情人形」=「アメリカからの贈り物」という図式のもとに、日本人としてこれにどう対処すべきか否か、という議論にすり変わっていく過程は、それを暗示しているのではないでしょうか。これはある意味では、友情人形の受け入れを国家的なレベルで歓迎した日本国内の事情にもつながる〝何か〟です。

さらにいえば、排日移民法を国際的な面子の問題としてこだわった日本側の対応とつながるものです。

中国侵略の前線ともいえる大連に住む日本人は、在米日本人移民により近い境遇にあるとともに、日本国内より先鋭な意識を持つ人が多かったのでしょう。また外地の日本人社会の狭さも手伝い、反米と拝米をあわせ持つ日本人の複雑な意識が、両極端に揺れ動き、短期間の内に大連では目にみえる形で表われたのです。

10――近代日本のコンプレックス②――朝鮮の人形歓迎会

一方日韓併合により国を奪い、彼らの民族意識を抹殺することに力を注いでいた朝鮮では、一等国日本を朝鮮人にみせびらかすという形で表われます。ここでは人形歓迎会が日本語教育浸透のための宣伝に利用されるとともに、アメリカと対等に交流する日本の姿を朝鮮人に示す「道具」として利用されます。

一九二七（昭和二）年六月一八日、京城（現・ソウル）公会堂で、朝鮮全土の人形歓迎会が、朝鮮教育会等の主催で行なわれました。会場の正面には「日本古来の内裏雛」を据え、一九三体の友情人形とそれを迎える日本人形が並べられ、朝鮮人、日本人児童、約四〇〇人が参加しました。式は「開会の辞」「君が代」「米国国歌」吹奏と続き、「代表人形を米国総領事令嬢」が日本側代表「学務局長令嬢」李玉子嬢に手渡し、これを受けて彼女は流暢な国語（日本語）で歓迎の辞を述べたといいます。そして絵から抜け出たような「内鮮米の少女が、今日を晴れと着飾つて巧みな遊戯やらダンス」を披露した、と新聞は伝えています。また参加した京城府内の小学校、（主に朝鮮人の子どもたちが通う）普通学校や幼稚園児には、日米両国旗とお菓子が配られました。朝鮮の子どもたちも、日本の子どもとして友情人形を歓迎したのです。その後、各地方教育会単位の歓迎会へと移り、人形は各学校にほぼ均等に配付されました。

三月一五日付けのギューリック宛の書簡で渋沢は、全国各地の小学校、幼稚園が人形の配付を希望しているが朝鮮地方から同じような申入れがあった、と書き送っています。しかし、初め文部省は朝鮮等植民地への配付は視野に入ってなかったようです。朝鮮児童協会の問い合わせに対して、「まず内地の分配が済んでからのことで朝鮮には分配することが出来るか否か、またその期日なども予知できない」と答えています。しかし友情人形配付は、朝鮮教育界からの強い要望がありました。その背景には、次のような事情があったのです。

三月三日の友情人形の歓迎会は、東京だけではなく、大阪でも行なわれています。これに向けて『大阪朝日新聞』社では、「青い目の人形歓迎歌」を募集したところ、普通学校四年生の朝鮮人少女鄭旭朝が日本語の作詩で一等当選します。この話題は『大阪朝日新聞』の発行圏内で大きな反響を呼びます。当時「朝鮮人に対して国語を普及するは統治上重要」な務めであるという朝鮮総督府の教育方針は、一九二二（大正一一）年の教育令改正でより強められていました。

日本語の作詩で一等当選した朝鮮人少女に対する総督府関係者の喜びは大きく、たとえば、李学務局長は「一等当選歌をみると自由に国語を使っている。これは普通学校に国語が徹底的に行きわたった唯一の証拠である」と述べています。また高橋京畿道学務局長は、「当選者の歌をみると他の内地人の小学校の歌から頭角をあらわしている、こんな巧みな童謡が自分の管内の学校生徒から出たことは非常に名誉」であり、「朝鮮童謡界に大きなショックを与えることを予想し近来にない愉快を感ずる」という談話をよせています。そしてこの事実を知らされた朝鮮総督斎藤実は、新聞記者に「そりゃ面白い、そりゃ愉快なことだ」といかにも満足気に語ったといいます。さらに新聞はこの事件を「幼い人たちの手で結ばれた内鮮融和」として大々的に取り上げました。そして少女は大阪で行なわれた人形歓迎会に招待され、ラジオや歓迎式で流暢な日本語を披露したといいます（図1）。

少女の来阪は日本の新聞社や朝鮮総督府によって、日本語教育の浸透と内鮮融和のキャンペーンに利用されたことは否定できない事実です。さらに少女に随行してきた朝鮮児童協会の関係者は、朝鮮への人形の配付は未定であるという文部省の挨拶に屈せず、歓迎会用に強引に三体の友情人形を持ちかえっています。

六月一八日の朝鮮の歓迎会に向けた内部文書には、日本国内とは異なり「主人側ノ日本人形ヲ同様陳列スルコト」という注意事項があります。ここには日本人の子どもとして朝鮮児童に人形を歓迎させようという、朝鮮教育界の意向が強く反映されています。その背後にはアメリカから日本へ送られた人形の歓迎会を通して、日本文化の優位性を朝鮮人に「誇示する」という意図が、自覚するかしないかは別として強く働いていたのでしょう。

以上のことは、朝鮮人少女鄭旭朝が、来阪した際の日本の新聞報道からも推測されます。「夢の国にきたように目を丸くした鄭さん」「お伽ぎの国へ来た少女のやうに　驚きと嬉しさが一杯」という見出しに代表されるように、日本滞在中の少女は、日本の近代化に戸惑う朝鮮人少女という図式で報道され続けています。それは大阪のイルミネーションに驚き、自動車や電車などが目まぐるしく行き交うので「危ない、危ないと先生につきまとい」「こんな危ないところは嫌だと」といい出す少女です。同行の人物が「鄭さんは田舎から来たものですから……」と挨拶すると「(私の住んでいる)驪州は田舎ではありません。危なくないから大阪よりいいところです」、と抗議する少女でした。そして、そこにはそのような少女の姿を微笑みながら、おそらく優越感をもってみつめる日本人という図式があります。

また朝鮮に配付された人形の内五体は、日本と同じく博物館で展示

図１　喜びを語るラジオ放送の様子

小さい作者が
可愛い御挨拶
お節句の夜を賑した
お人形歓迎歌放送

(『大阪朝日新聞』1927年3月4日)

公開されています。場所は、朝鮮に科学知識を普及するために天皇の下賜金で新設された科学博物館です。朝鮮教育会が発行した『文教の朝鮮』（一九二八年一月号）には、展示された人形が母国（アメリカ）の人びとへ宛てた手紙の訳文という形式で、次のような内容を掲載しています。

……東京は震災後まだ充分に復興しては居ません。然し新しく出来る建物や往来は母国のと余り変りませんがただ風俗がまるで夢を見る様で想像も着かなかった事に驚かされました。あの綺麗なきものが第一に目につきました。靴の代わりの履物も見ました。……子供の衣服、お嬢さんの着物は実に美しいです……

……朝鮮は今は日本の一部ですが風俗や言葉が丸きり変って居ります、服装は一般に整って居て制式としては日本に優るとも劣っては居ない様ですが全然白色で……労働をしない昔そのままを見る様です。日本本州で色彩意匠が頗る向上しているのに比べこれは余りに貧弱で単調の様に思はれまして喪服の様な感じがします、家は亦甚だ狭苦しい建方です。事実人民は暮らし向きの程度が低く進取の気分がだれて居るやうです。……新しいものを求むという気風が旺盛でもありません。

……日本内地とは連絡がありませんが、日本語は全鮮に通用しています。交通や警察などは美事に整備しています、唯一千年近くも桃源の夢に酔い文化の雨に潤はなかった為、今俄に欧米と肩を並べることは仲々六ヵ敷い事でせう。併し都会は内地人の入り込む事も多く漸次文明化して参ります……

アメリカと同等の国である日本が、遅れた朝鮮を近代化へと導く、つまり指導する日本民族、指導される朝鮮民族という政治的、文化的図式があります。それをアメリカと対等に文化交流できる日本の姿が証明しているのです。ここには大連市民とは異なる日本人のアメリカコンプレックスが形をかえて現われています。そして大連・朝鮮にみられる一見相反する日本人の行動は、決して対立するものではありません。矛盾することなく同居しているのです。それこそが日本人がアメリカという国に抱く複雑な感情でした。

しかも日米人形交流以降の一九三〇年代の日本では、子ども（あるは人形）による文化交流の形式だけが一人歩きを始めます。日米人形交流をモデルにした子どもを中心とする親善使節が、満州国の建国・承認期に誕生します。それが満州国少女使節であり、日本学童使節や満州国人形使節です。そして純粋無垢な子どもというイメージは、平和友好という言葉に溶け合い、日本と満州国の融和をはかる手段として、メディア・軍部・政府・植民地支配層・教育者をはじめ、国民的レベルで利用されるのです。

11――人形交流のメッセージ

人形交流は悪化した日本国内の対米感情を鎮めるためには、ある程度の効果がありました。しかし日本人移民排斥問題の根本的な原因である文化的偏見を予防するために日米両国民の相互理解をはかる、という意味では成功したとはいえません。

そもそもギューリックのいう相互理解とは、その出発点からして曖昧でした。人種的偏見に基づく排日問題へのギューリックの憤りは理解できますが、朝鮮を併合し中国やアジア諸国への侵略を進める日本を、列強諸国の一員として正当に扱うことを目的とした排日移民法の改正と、ギューリックが掲げた「世界平和」との接点はどこにあったのでしょうか。

排日移民法成立後、いわば苦し紛れに実行された人形計画そのものが、日米両国内の世論の感情的な緩和にのみ目が向けられ、「日米関係改善」が如何にして「世界平和」につながるかという、具体的な視点が欠けていたように、私には思われてなりません。しかも、意識するしないにかかわらず、日本の国益を優先することで日米関係改善をめざすところにも、渋沢の限界がありました。したがって、日米人形交流は、感傷的で、情緒的な企てであったことは否定できないでしょう。その意味では、人形交流は、政治的には無意味な試みだったのかもしれません。しかし、一民間人が日米関係の改善に真剣に取り組んだ結末が、国を超えて人と人との相互理解の必要性をめざす文化交流であったという点に、私は注目したいのです。

おそらく渋沢は、ギューリックの理想や理念に深く共鳴し、協力したのではないでしょう。誤解をおそれずにいえば、信用のおける人間の真摯な企ての中に、何らかの将来性があると判断すれば、たとえそのすべてが理解できなくても援助をおしまない実業人の姿が、私にはみえます。ギューリックの日米関係改善にかける想いが、八八歳の老体を動かしたのです。

人種的な偏見や文化のすれ違いは、お互いがふれあい、理解を深めることで、確実に解決に向かう、と私も信じています。そして偏見を持っている大人より、成長期にある子どもの方が互いの友情を育みやすいでしょう。一〇年後、二〇年後の日米関係の改善の夢を、明日を担う子どもたちに託すギューリックの夢に、渋沢は先行投資したのです。

12――おわりに

彼らの託したメッセージを、今われわれは真剣に受け止める時期にきているのではないでしょうか。国際的な視野で盛んに文化交流が行なわれている今日、その主役は民間人の側に移っています。繰り返しますが、日米人形交流は民間人による国際文化交流の先駆的な実践例です。この人形交流にはどのような意味があり、そしてそのどこに限界があったのか、これらのことを改めて考えなおす時期にきています。

ギューリックが明日の子どもたちに託した夢の所産である人形交流は、これまでややもすると感傷的で、情緒的なものとして捉えられ、研究の対象として取り上げられることはありませんでした。しかしその発想や方法論は、国際交流の原点として再評価される時期にきています。今日国際社会は、グローバル化が進む一方で、移民問題などにゆれています。国と国との対立を解決するために、まず人と人との交流から始める渋沢とギューリックの行動には、現代との何らかの接点を見出すことができるはずです。

友情人形が、第二次世界大戦中に敵のスパイとみなされ処分された事実は有名です。ただそればかりが一人歩きすることを、私は危惧しています。ややもすると戦争の悲劇と処分されそうな人形を守ったという（言葉は悪いのですが）美談で終わり、それ以上深化しないからです。人形さえも敵愾心高揚のために利用した戦争中の教育とは何か、その本質を理解するためには、このような悲劇を生み出した土壌、つまり人形交流における日米間のそもそものすれ違いは何処にあったのか、それを歴史的に検証する必要があります。その成果をもとに真剣に議論することで、初めて本当の意味がみえてくるのではないでしょうか。

同時に、人形交流の原点が「人と人とがお互いに理解し合うことの必要性」であったことも、しっかりと私たちの心に刻んでおきたいものです。九〇年を迎えた今こそ、日米人形交流の意味を未来に向かって問い続ける必要がある、と私は思います。

●参考文献

渋沢青淵記念財団竜門社編『渋沢栄一伝記資料』第三四巻、第三八巻、渋沢栄一伝記資料刊行会、一九六一年。

武田英子『青い目をしたお人形は』大平出版社、一九八一年。

是澤博昭『青い目の人形と近代日本――渋沢栄一とL・ギューリックの夢の行方』世織書房、二〇一〇年。

是澤博昭『軍国少年・少女の誕生とメディア――子ども達の日満親善交流』世織書房、二〇一八年。

＊

Committee on World Friendship Among Children, 1929. *Dolls of Friendship*, Friendship Press.

3* 太平洋を覆う暗雲を取り払う
一九二七年日米人形交流

▼――小檜山ルイ〈小関菜月・訳〉

一九二七年、約一万二〇〇〇体のアメリカの人形が日本の子どもたちに贈られました。その返礼として五八体のとてつもなく高価な日本人形がアメリカの子どもたちのもとへと太平洋を渡りました。これは太平洋をまたぐ一風変わった大芝居であり、今では日本では広く知られていますが、アメリカではほとんど知られていません。

一九七三年、日本放送協会（ＮＨＫ）は群馬県の小学校で発見されたとある人形に関するドキュメンタリー番組「人形使節メリー」を放送しました。メリーは一九二七年にアメリカからやって来た一万二〇〇〇体の人形のうちの一体でした。文部省の後援の下、当時人形たちは日本中で熱狂的に迎えられ、大日本帝国中の幼稚園や小学校に配布されました。ところが、第二次世界大戦中にアメリカの偽りの善意を象徴するものとしてその多くは処分されてしまいました。しかし、メリーは教頭の手により奉安殿に隠されて処分を免れました。それから三〇年後、偶然発見されるまでその存在はすっかり忘れ去られていました。この甘くほろ苦いエピソードは広く関心を集め、放送後、同じく処分を免れたたくさんの人形が「発見」されました。そして「生き残った」人形の目録が編纂され、その目録は新たな「発見」のたびに更新されました。辛くも難を免れた人形の物語は平和教育に適した題材ということなり、様々な物語がつくられました(1)。

一九二七年のクリスマスに向けてアメリカに渡った五八体の答礼人形は翌年国内を周遊し、州や主要な都市に割り当てられました。人形たちは主に博物館で所蔵され、第二次世界大戦を生き残ったのですが、所蔵庫に入れられた人形は長い間忘れ去られていました。しかし、近年、日本人人形愛好家の探求心が、アメリカ国内の人形への関心をよみがえらせたようです。さらに、それぞれの日本人形が都道府県や主要都市の名を冠していたことから、複数の地域の市民団体が修繕や展示のためにその市や地域の名を冠した人形を「里帰り」に招く動きも始まったのです。これにより地方・民間レベルの交流が活性化されました。そのため今ではアメリカにもかなりの人形愛好家が見られます(2)。

この人形交流について、日本語ではすでにたくさんの研究がなされています。そのすべてにおいて、プロジェクトの原点とその成功には、当時アメリカ教会連合協議会(ＦＣＣ)で働いていた元在日宣教師シドニー・ギューリックと財界の重鎮渋沢栄一の協力があったとしています。両者は「排日移民法」(日本人を帰化不能外国人と規定した)として知られる一九二四年移民法により悪化した日米関係の改善を企図していました(3)。彼らの功績に注目することは理解できますが、とりわけアメリカ側のプロジェクトを単に『移民法』に抗議する一親日家(ギューリックをさす——筆者注)が個人レベルで試みた文化交流」とするのは不十分で、検討の余地があると思われます(4)。

本章ではまず人形交流をクリスチャン女性の活動の一環という点から分析します。人形交流の背景には多数のクリスチャンの女性とその伝統が深く関わっています。しかし、交流の過程で彼女たちの存在は見えなくなってしまいました。その理由も検討したいと思います。第二に、アメリカ特有の外交姿勢を明らかにしようと考えています。つまり、その二元性、すなわち、経済や軍事力に依存する功利主義と、宣教師のもつ理想主義的な道徳主義の共存という外交姿勢です。筆者は特に後者に焦点を当て人形交流を分析することで、その二元性が形成される過程の一例を示すつもりです。そして第三に人形交流を両国間の相互的プロセスとして説明します。日米は互いにどのように反応・影響しあったのか、そしてそれは、両国のその後の対外関係にどのような反響をもたらしたのかを検討します。

1――女性たちの関わりと伝道という伝統

一九二六年初頭、シドニー・ギューリックはアメリカから人形を日本の子どもたちに贈ることを米国世界児童親善委員会（ＣＷＦＣ）に提案しました。ＣＷＦＣは前年にＦＣＣＣが任命した委員会です(5)。このプロジェクトはギューリックが長年培ってきた日本人とその文化に対する理解・共感を取り入れた委員会初の事業でした。

ギューリックは三月に行われる日本の雛祭りに友情人形を送るというアイデアを思いついたのです。後にそれは日本人に大受けすることになりました。ギューリックは、日本人の感受性を微塵たりとも傷つけないように気を配りながら委員会を主導しました。具体的には、やや高価な、三ドル程度で壊れにくい、ママーと声を出す仕組みの人形を標準人形に選んだのです。人形は「新しく、美しい服を着て、友好の使節として日本に贈られるにふさわしい」ものでなければなりませんでした(6)。そして、「典型的なかわいいアメリカの女の子であるべき」(7)として、黒人人形が送られないように気を配りました(8)。同時に、委員会は、人形使節を単なる「日本に何かを与えるという意識に基づいた贈り物」ではなく「アメリカの子どもたちを代表し友情と親善のメッセージを運ぶもの」とする目的を持っていたのです(9)。そのため人形たちに、パスポートと旅券だけでなく、送り手からの手紙を持たせました。人形事業のリーフレットの文言もまた注意深いものでした。「千年以上の歴史を持つ」美しい日本の伝統として雛祭りを前面に出しつつも、日本の近代性にも注意が向けられるよう、「今日変化の真っただ中にある日本においては殺風景な日用品が昔のロマンス・おとぎ話にとって替わりつつある」という文言が挿入されていました(10)。

他の教会プログラムと競合することなく、全米的に人形計画を推進するためのいくつかの方法について議論した後、一九二六年六月までに、人形計画のためのキャンペーンが始まりました(11)。一九二六年六月一七日、ギューリックはＦＣＣの対日関係委員会（ＮＣＡＪＲ）のレター・ヘッドを使用して、委員会が適当と認めた人々にこの計画に協力を要請する手紙を送りました。彼は一九二四年移民法の反日条項に長年反対してきたこの委員会の主事でもありました。その直後六月一九日にギューリックはＮＣＡＪＲの幹部委員の一人ヘンリー・Ａ・アトキンソンから手紙を受け取ります。アトキンソンは、日米関係の危機において人形交流事業は「すでに傷ついたものにさらなる屈辱を与え、われわれの主張のすべてを矮小化してしまう」ものであり、「このような国際的問題の重大な局面にあって、こんなキャンペーンに関係する便箋のレター・ヘッドに自分の名が載っていることを恥ずかしく思う」と書いて来ました(12)。彼はギューリックには友好的で、このコメントはあくまで私的なものだとしたうえで、「もしエムリーチ夫人が彼女の子ども委員会を自由に運営するだけなら問題はなく、むしろ良いことだっただろうが、今私はこのキャンペーンの結果を恐れている」と加えています(13)。この最後のコメントは示唆的です。エムリーチ夫人とはギューリックが全米国際正義親善委員会（ＮＣＩＪＧ）の活動を拡大するために雇い入れた女性でした(14)。

今ではよく知られているように、アメリカのクリスチャンの女性たちは、一九世紀初めから海外伝道の促進者として対外関係において長い歴史と多様な経験を蓄積していました。宣教師の妻のための「装備一式（衣服）」を準備するような活動から始まり、女性たちは特に既婚および独身の女性宣教師と彼女たちの海外の活動に資金を提供するために組織をつくりました。教派別の婦人伝道局は南北戦争の後に盛んになり、その会員数を合わせると一九世紀最大の女性の組織の一つとなりました。一九世紀末、女性たちは情報や集会運営や集金の方法を共有し、海外・国内における競合をさけるために、教派間協力を始めました。その結果実現したのが、合同海外伝道研究中央委員会（Central Committee on United Study of Foreign Missions）と婦人伝道局連合（Federation of Woman's Boards of Foreign Missions）で、この二つの組織は、女性主導の超教派主義を推進したのです。

女性による海外伝道事業は、女性宣教師の募集、女子ミッション・スクールの設立、現地看護婦・女医の訓練など、女性特有の分野で特に優れた貢献をしていました。また、女性や子どもたちの海外伝道への関心を高めることに多大な貢献をしました。たとえば、運動の初期には、敬虔なクリスチャンとしての母親たちが宗教的な思いやりを子どもたちの心の中に育てるために「伝道トウモロコシ」の栽培を奨励しました。トウモロコシを売って得た金を海外に送ろうというわけです。在米の海外伝道プロモーターたちは、外国の慣習や出来事を紹介した子ども向けの雑誌や書物を出版し、キリスト教国に生まれた子どもの幸福を強調し、そういう幸福な子どもは海外の不運な子どもたちに対し果たすべき義務があると語りました。さらにプロモーターたちは、伝道集会の際、日曜学校や教会の指導者らが参考にするマニュアルを配布しました。合同海外伝道研究中央委員会は、このような指導者を育成するための人気のある夏期学校を主催しました(15)。

このような海外伝道のための努力を通じ、女性たちは宗教的で道徳的、理想主義的でロマンチック、そして多くの場合感傷的でさえもある外国への心構えや接し方を育てたのです。これは、宣教師が活動していた外国が「異教徒＝野蛮人の土地」として概念化でき、主に太平洋地域に集中していたこれらの「空間」との関係が政治および経済の側面で米国にとって急を要するものではなかった一九世紀においては、機能しうる接近手法でした。当時非政治的と定義され、宣教師の過半数を占めていた女性たちは、宗教と伝道にかかる想像力をかなり自由に伝道対象空間や「ネイティヴ」に投影することができました。彼女たちは、「異教＝野蛮人」の国がまだ厳密な意味で国民国家になっておらず、宣教師たちのもたらす近代化作用を歓迎していたことから、前述のような具体的な事業で伝道のヒロイズムを追求することができたのです。

したがって、人形が通常女性の玩具であることを別にしても、「子どもたちの間の国境を越えた友情」という概念はアメリカにおいて伝統的に女性的なものだったのです。アトキンソンはそれゆえ女性だけが「友情の人形使節」のような計画を安全に実行することができると指摘しました。つまり、アトキンソンは、アメリカの対外関係においては、二つの手法がアメリカ的伝統に副うものだと指摘したのでしょう。第一のアプローチは、ハードで男性的、第二のアプローチは、ソフトで女性的であり、宗教的なニュアンスを伴うものだと。そして彼は男が第二のアプローチに手をそめるのは恥ずかしいと思ったのです。

ギューリックとCWFCは、アトキンソンに指摘されるまでもなく、子どもたちの間に国境を越えた友情を育て、さらに人形を集めるのは主に女性たちだと承知していました。CWFCは、バプテスト教会出身の、女性による超教派の海外伝道運動の長年のリーダー、ルーシィ・マギル・ウォータベリ・ピーボディ（ヘンリ・ピーボディ夫人）と交渉しました。彼女はNCAJRの諮問評議会に所属していました(16)。また、一九〇六年から子どもたちを対象に断続的に『すべての国々』(*Everyland*)という雑誌を編集・発行していました。一九二六年四月から、この雑誌に特別欄「世界的友好」(World Friendship)が掲載されるようになり、エムリーチ夫人がこの欄の担当者になりました。エムリーチ夫人が担当した最初の記事には信心深さ、優越感、理想主義、国際政治のメッセージが入り混じった「少年・少女のために掲げる世界的友好という理想」(World Friendship Ideals for Boys and Girls)一〇箇条が示されました。

私たちは以下のことを信じます。(1)国々は神の正義の律法(God's laws of right)に従わなければなりません。（2）国々は公正かつ利他的であることによってのみ真に崇高で立派になります。（3）キリスト教国は他の国々に対する特別な義務を負っています。（4）クリスチャンの友情は異なる人種、異なる信仰をもつ人々の間にありがちな嫌悪感を払拭します。（5）自国を愛するクリスチャンは、国家間の親善のために力を尽くします。（6）人々は人種・性別・年齢を問わず互いに公正であるべきです。（7）すべての国は世界平和のために協力しなければなりません。（8）紛争や争いは国際司法裁判所またはその他の平和的方法で解決されねばなりません。（9）すべての国は陸海軍を縮小し、戦争を止めなければなりません。（10）すべての人は戦争を止めるために努力すべきであり、私たちは自分の役割を果たすことを約束します[17]。

ギューリックは最終的にピーボディ夫人にＣＷＦＣの委員長を任せ、エムリーチ夫人をその委員会の主事としました。ＣＷＦＣの会員の九〇％以上は女性でした。つまり、当初ＣＷＦＣは男性中心の機関であるＮＣＩＪＧによって設立されたものの、女性中心の組織となったのです[18]。ルーシィ・ピーボディはＣＷＦＣの委員長といっても名義を貸したようなもので、『すべての国々』の紙面を提供したのが主な貢献だったのかもしれません。しかし、彼女は、エキュメニカルな海外伝道の世界で有名でした。彼女は海外伝道研究中央委員会でのリーダーシップだけでなく、女性の海外伝道への貢献を記念した一九一〇―一一年の五〇周年式典や一九二〇年から一九二三年まで続いた「東洋の七校の女子大学」を援助するための精力的な活動で知られていました。一九一四年にピーボディ夫人は来日し、その後、「東洋の七校の女子大学」に一九一八年に設立された東京女子大学も含められ、同校の西荻キャンパス獲得と校舎建築に要した当初の資金のほとんどが彼女の運動の果実から提供されました[19]。要するに、ＣＷＦＣの委員長にピーボディの名を使うということは、人形交流事業に福音主義的かつ超教派的な女性たちが関与するということを意味していました。

すなわち、ピーボディが掌握していたクリスチャンの女性のネットワークが人形を収集するために動員されたのです。シドニー・ギューリックの役割は背後でこの女性たちのプロジェクトを監督することでした。ただし、ギューリックは、ラム氏（博士）率いるオハイオのＦＣＣ地方組織の協力を獲得することには成功し、このオハイオ地域からは最も多くの人形が集められました[20]。しかし、知られている中では男性が地方のキャンペーンで積極的に協力したケースはオハイオのみです。「人形旅行局」で人形、旅券、パスポートを扱っていたアシュトン夫人は、「ＹＷＣＡの少女予備軍、キャンプファイア・ガールズ、公立学校も大いに関心を示したが、教会からの反響が一番大きかった」としています[21]。つまり人形交流事業は教会から教会関連の女子団体、世俗的な組織へと広がっていったのです。

　多くは残っていませんが、ＣＷＦＣの資料群に残る地方についてのレポートは、アメリカの女性が人形に注いだ熱意を物語っています。マサチューセッツ州ブラッドフォードでは、第一会衆派教会の教会学校が後援し一体の人形をつくり、アン・ハッセルティン・ジャドソンと名付けました。アンは、この教会の元会員であり伝道のヒロインでもある女性です。彼女はアメリカン・ボード（ＡＢＣＦＭ）の最初の宣教師の一人であるアドニラム・ジャドソンの妻として一八一二年にインドに派遣されました[22]。ロードアイランドでは「何か特別なもの、ロジャ・ウィリアムスからペリー提督に至る州の歴史を説明するような衣装をまとった歴史的な人形を用意する」ことを決定しました[23]。オハイオ州コロンバスにあるオハイオ・アベニュ福音教会の一二名の若い女性たちは、女性向け聖書クラスの八九歳の教師に敬意を表して、人形をスーザン・トウィグス（小枝のスーザン）と名付けました[24]。このように、人形にはプロジェクトに参加した人のもろもろの記憶が詰め込まれていました。かつて女性宣教師のための「衣装」を用意したように、女性たちは人形の衣装（や着替え）をつくったのです。計画では、男の子が人形・切符購入資金を集め、女の子が人形の衣装をつくることになっていました[25]。しかしプロジェクトはすぐに

「子どもたちの手から、お母さん・お姉さんたちの手に」渡っていったのです(26)。

人形事業は大盛況でしたが、その理由は、海外伝道事業に携わっていた女性たちの活動に比べ、この活動は手軽だったからだと思われます。海外伝道においては実際に人を送り、学校や病院を設立していました。人形を送ることは、それに比べるとはるかに責任の軽い、手軽でちょっとした友情の振る舞いでした。他国への介入の度合いが少ない、罪のないものに見えました。世俗化の進む消費社会の中の手頃な娯楽でもありました。つまり言い換えれば、このプロジェクトはむしろ女性による海外伝道事業の力ではなく、弱体化を象徴していたと言えるのではないでしょうか。

2――女性から男性、宗教から世俗へ

ギューリックが秀逸だったのは、一九二四年移民法に反対する親日キャンペーン――明確に政治的で男性の領域の仕事――における失敗を補うために、国際関係に対する女性的な取り組み方を利用したところにありました。言い換えれば、国家間の距離が近づくにつれ、「異教徒＝野蛮人の地」が姿を消し、替わりに「世界」が浮かび上がってきた二〇世紀において日米関係改善をめざそうとした時、元在日宣教師のギューリックはアメリカの国内政治に否応なく巻き込まれていきました(27)。政治という男性の領域で彼の祈りが受け入れられなかったとき、女性化した伝道文化の中で育まれた彼の国際関係への根本的にナイーヴなアプローチがもう一つの選択肢として浮上し、人形計画という形に結実したようです。

彼のやり方、すなわちCWFCの委員長を務めている女性がNCAJRにも所属しているという状態をつくることによって女性の手腕を男性中心の組織に組み込む方法は、一九二〇年代と三〇年代の伝道業界に広く見られまし

た。当時、男性主導の伝道局本部からかなり独立して活動することで、効率と影響力を保持していた教派ベースの婦人伝道局は、男性主導の伝道局本部に合流するよう圧力をかけられていました。それは、「女性の仕事」の目覚ましい成功を男たちが認めたということもあったのでしょうが、事業数・規模が拡大する一方で、海外伝道事業の予算規模全体が縮小したためでもありました。男性主導の伝道局本部は、教会への献金要請を調整し、かつ、女性の集めた資金を男性も使えるようにするために、資金調達を得意としていた女性たちを管理するための厳格な枠組みを持たねばならないと考えたのです。その結果、ほとんどの婦人伝道局は、第二次世界大戦までに男性主導の伝道局本部に吸収合併されたのです。皮肉なことに、この動きは結果的に女性の主導権だけでなく、伝道事業全体の基盤も弱体化させました(28)。FCCでギューリックが行ったこともまた、女性の資源の吸収合併を狙ったものでした。

ギューリックとCWFCはギューリックの個人的な組織的背景(元宣教師でFCCCに所属)にもかかわらず、また、人形が教会や教会関連団体から主に集められたという事実にもかかわらず、宗教的な訴え方をしないように注意を払いました(29)。第一次世界大戦を通じ、教会はすでに多くの資金援助の訴えにうんざりしていたので、CWFCはより広い、一般社会の支援者を探さなければなりませんでした。言い換えると、新しい人形交流という事業が伝道事業に本来費やされるべき教会からの献金を喰ってしまっているという批判を避けたかったのです。支持層を広げるために、世俗的なグループを取りこもうと考えたのです。

これはまたこの時代のジレンマを反映したものでした。一九世紀、キリスト教は、米国の一般市民(特別なエリートは別)の社会的団結を実現するための特有の言説をしばしば提供しました。つまり、「神の命令」や「キリスト教徒の愛」の名のもとに、あるいは、自らの意図や行動をそのような枠組みの中で意味づけることで、それぞれ個別の利益を訴える多様な集団を黙らせることに成功する可能性がありました。当時、キリスト教の道徳は無私と公共善をさし示していたからです。一九世紀、特にアメリカの白人中産階級の女性は、この仕組みを利用して権力を得ていました。女性は敬虔であると考えられており、したがって「道徳の守護者」でした。彼女たちには参政権がなく、経済的機会も限られていました。それゆえ私的利害が衝突する政治から距離を置く存在として構築されていたのです。女性たちは、私利私欲にとらわれないはずの者なのであって、彼女たちの道徳的意見には耳を傾ける価値がありました。

しかし、二〇世紀初頭には、この仕組みはあまり機能しなくなりました。一八八〇年代以降のカトリックとユダヤ教（当時はプロテスタント・キリスト教とは異質の宗教）徒移民の大量の流入によりアメリカの宗教的景観が多様化したこと、さらには、ファンダメンタリストとリベラリストの間の論争がプロテスタントを分裂させ始めたことによります。超教派の立場をとるＦＣＣは、自由主義や宗教間の対話・協力を促進する立場にありました。しかし、そういった立場を維持することは非常に困難で、保守層はＦＣＣをキリスト教の本質に害を及ぼすものとみなし、一方世俗派や他宗教の信者たちはそれをプロテスタント的すぎると考えました。この状況の中で、ＦＣＣは、その関与する超教派的な事業について、キリスト教や神といった言葉ではなく、より世俗的な単語でその目的を説明し始めました。人形計画を特徴づける「子どもたちを育てる」とか「平和」といった言葉は、そういった語法の一種で、当時誰も異義を唱えることのできない言葉使いでした(30)。

日本人とのやりとりでは、女性や宗教を前面に出さない傾向がさらに強まりました。元アメリカン・ボードの在日宣教師ギューリックは、日本の文脈において効力を発揮するように極めて意識的に事業を方向づけたからです。まず、ギューリックは日本の「美しい伝統」を代表するものとして雛祭りに目をつけました。しかし、雛祭りは祖先崇拝にあたるとして、おそらくより保守的な教会からでしょうが、批判がありました(31)。このような解釈が必ずしも正しいわけではありませんが、雛祭りには人形を依代、すなわち、悪霊を憑依させるヒトガタとしてとらえる黒魔術的な由来もありました。一般的に日本の伝統において人形はただのおもちゃではなく、魔術的な意味合いを持っていました(32)。さらに、人形に友情のメッセージを託すという発想は、プロテスタントが放棄してきた偶像崇拝を連想させる恐れもありました。しかしCWFCは、雛祭りを「社会的礼儀、家族内の道徳、家事、祖先の歴史を教える機会」と説明しており、はっきりと非宗教的解釈をとっています(33)。つまり、厳格な宗教的気配りより、日本人にとって魅力的なプロジェクトとすることを優先したのです。

さらに、日本社会に接近するうえで、アメリカ側の人形の贈り主と見合う相手として在日宣教師や日本のクリスチャンの女性たちのネットワークを選ぶことは可能だったにもかかわらず、ギューリックはあえてそうしませんでした。実際、前述の「アン・ハッセルティン・ジャドソン」人形を贈った教会学校は、彼女を大阪府の隣保館に送りたいと思っていました。隣保館とは彼女たちの「教会の牧師の姉のアリス・E・ケアリ」が主導していたところです(34)。ギューリックはそういった伝道のつながりを優先しませんでした。彼は、クリスチャンが人口の一％未満の日本では、宣教師および教会のネットワークが十分でないことをよく承知していたのです。また、日本における公的な女性運動は米国よりもずっと弱かったのです(35)。もし民間の宣教師／クリスチャンの団体か、女性団体のいずれかが人形の受け取りと配布を請け負っていたら、人形交流計画の影響力は国や公共機関が関与するよりもはるかに乏しいものだったでしょう。それゆえギューリックははじめから日本の公立学校に狙いを定めていたのです(36)。

だからギューリックはまず松平恆雄駐米大使を訪ね、日本政府の協力を求めました。彼は、外務省と文部省の協力・助力を期待していました。彼は渋沢栄一や米国と取引があった森村ブラザーズのような日本企業の熱意と協力を必要とし、またその協力に大変に感謝していました(37)。ギューリックは政府や大物実業家を頼りにしていたので、日本では人形交流事業は男性の世俗的リーダーシップと堅く結びつきました。結果、アメリカの女性の宗教的指導力や協力が見えづらくなったのです。

3――ナショナリズム、権力、ヒエラルキー

1 「青い目の人形」

興味深いことに、人形事業は、先に述べたように男性化し世俗化していくと同時に、国民国家の枠組みで理解されるようになりました。まだ人形がアメリカにあるときから既に、アメリカ対日本という意識が、クリスチャン対非クリスチャンという対比や「姉妹の絆」といった構図に取って代わり、人形計画に入り込みました。CWFCが人形交流を宣伝するために配布した数種類のパンフレットは、「アメリカの人形」「アメリカの子ども」などの言葉を「日本の習慣」「日本の子ども」と対比的に用いることでこうした意識を喚起しました(38)。ニューヨークの人形旅行局が発行し、人形たちが携帯したパスポート(39)には顕著な国家意識が刻まれていました。カバーにはアメリカと日本の国旗が交差していて、これは後に日本でつくられた小冊子にもそのまま転用されています。裏面には、在ニューヨーク日本国総領事のサインと公式印が押されており、中の頁には、合衆国の象徴「アンクルサム」が署名した「日本の少年少女」に向けたメッセージが書かれていました。そこには「忠誠心があり法を重んじるアメリカ市民」としての人形が「アメリカの少年少女たち」の「親善のメッセージ」を運ぶと説明されています。右頁には写真と共にその人形の具体的な説明があり、ページ下部にはアメリカの国旗や模造の鉄道と汽船の切符が添えられていました。人形旅行局からパスポートを入手した参加者は、海外旅行者を管理する規則や司法権、市民権の概念などを子どもたちに教えるためにそれらを使用しました(40)。

このような枠組みに入れられた人形交流事業に参加する人々は、国家・国民意識に必然的にとらわれたことでし

ょう。人形に添付された手紙のいくつかは、国家という観点から送り手のアイデンティティを定義していました(41)。ニューヨークに集められると、人形にはそのような観点からのさらなる意味づけが与えられました。プラザ・ホテルでの送別会では、膨大な数の中から「四八州を代表する人形が選ばれ、四九体目がミス・アメリカとして」選出されました(42)。この代表を選出するというやり方は、日本側が答礼人形を準備する際にも取り入れられました。

このように「アメリカからの」人形を集めて送る過程で、一致団結の象徴として、国家がキリスト教や姉妹の絆に取って代わっていきました。前述したように、プロテスタント・キリスト教がアメリカの多くの宗教の一つになりつつあった状況を考えれば、キリスト教が団結の象徴にならなかったのは理解できるところです。リベラル対保守の論争はプロテスタントを分裂させており、教会で集められる資金も減りつつありました。そして女性のリーダーシップは男性のそれに吸収される過程にありました。この時点で、国家は、宗教上、ジェンダー上の分裂・相違の克服を可能にするかもしれない「装置」だったのです。

したがって、ある意味では、日本側が人形を友情と和解の国家的なメッセージとして受け取ったのは当然のことでした。同時に、事業が日本に移ると国家がさらに大きな存在になったことも事実です。当初からギューリックが熱望し計画したことでしたが、日本では、実際に国家機構がこのプロジェクトのために動いたからです。

日本のＣＷＦＣにあたる民間組織は渋沢栄一を委員長とする日本国際児童親善会（ＣＩＦＣＪ）でしたが、ほぼすべての準備や手配は文部省が行いました。主な資金源は渋沢栄一と日米関係委員会でしたが、文部省も四分の一の資金を提供していました。文部省は日本の子どもたちからの募金も先導し、答礼人形事業を可能にしたのです(43)。

政府や大物実業家たちがこの事業に深く携わっていたため、アメリカ側の人形事業の背景にあった女性と宗教は完全に忘れさられ(44)、日本の男性リーダーたちが深刻に意識していた国益が人形交流の主要テーマになりました。人形交流事業が日本の植民地支配を強化するために使われたことは、是澤博昭の研究で明らかにされています。特に朝鮮では朝鮮の子どもたちの日本文化への同化が積極的に追い求められました。生徒たちは、大日本帝国の臣民として人形を受け取り、君が代を斉唱し、朝鮮人の女生徒が感謝の辞を流暢な日本語で発表するのを聞き、日米の国旗とお菓子をもらいました。大阪朝日新聞社後援で「青い目の人形歓迎歌」を募集したところ、朝鮮人少女が日本語の作詞で一等となり、大阪で開かれた人形歓迎会に招待されました。彼女の流暢な日本語は、日本人が望むところの内鮮融和を象徴していました(45)。CWFCはのちに「日韓の親善が強化された」とこの出来事をナイーヴに評価しました(46)。

米国からの贈り物としての人形は権力の集約点を創り出し、これは、大日本帝国の階級的秩序を確認し、強化し、あるいは新たにつくるために利用されました。このプロセスは、この事業に日本での公的権威を付与することで始まりました。三月三日、東京・青山の明治神宮外苑にある日本青年館で、渋沢栄一や文部大臣岡田良平、外務大臣幣原喜重郎のような重鎮、アメリカ大使チャールズ・マクヴェイをはじめとする数名の駐日のアメリカ著名人が出席して、盛大な歓迎式が開かれ、事業の重大性が強調されました。興味深いことにアメリカ側は全員夫婦同伴で出席し、その場に女性的色合いを添えましたが、日本側は権力者・権威ある男性のみの参加でした。式に招待された子どもは、華族女学校の貴族の女子か、東京の女子高等師範学校附属小学校の優等生の女子でした。徳川家達の孫娘、七歳の徳川順子が日本の子どもを代表して在東京アメリカ総領事の娘、同じく七歳のベティ・バランタインから友情人形を受け取りました。家柄や能力を基準に社会的に地位が高いと判断された子どもたちが式典に参加したわけです。

三月一四日のミス・アメリカと各州を代表する四九体の人形歓迎式は、「青い目の人形」を乗せてきた天洋丸の船室、横浜港の埠頭、近隣の小学校で行われました。地域の有力者も招かれました。アメリカを代表する四九体の人形は「東京を代表する東京女子高等師範学校の女生徒たちの腕に抱かれ」東京に移動しました[47]。友情人形は皇后と照宮成子内親王の謁見のために皇居へ移されました。天皇もこれらの人形を見、交流事業の意図に満足したという報告は、この事業に一層の権威を与えるものでした。皇后は人形に二階建て木造建築の人形の家と遊具を与えましたが、それはのちに東京教育博物館（現・国立科学博物館）で展示されました。他の人形は東京の大手百貨店に展示されたものもあり、魅惑的な大都会の消費主義の刺激に一役買いました[48]。

そのような盛大な歓迎式典の後に、人形は各地に配布され、小規模ではありましたが同様に権威主義的で、社会的序列を印す歓迎式が各地で開かれました。

大日本帝国内の人形の配布優先順位は、（1）師範学校附属の幼稚園や小学校、（2）都道府県庁所在地の公立・私立幼稚園や小学校、（3）主要都市の公立・私立幼稚園や小学校、（4）港町や観光地、温泉地やリゾート地など外国人が多く暮らす地域の公立・私立幼稚園や小学校、（5）その他の適切とされる公立・私立幼稚園や小学校、といった順に決定されました[49]。エリート層や都市部の学校を優先し、外国人の視線に注意を払う傾向がありました。青い目の人形は日米の子どもたちの友情というよりむしろ、国際的文脈の中で、未来のリーダーになる素質を持つ子どもたちの誇りを育て、国家の誇りをかきたてるために使われました。

日本人が他国の人々に囲まれていた大連ではそれゆえ特に華々しく人形を歓迎しましたが、それは一方で排日移民法（一九二四年移民法）を成立させたアメリカの偽善的な友好の姿勢に日本政府が追従するものとして一部の現地日本人の反感を招きました[50]。台湾では、主に日本人と数少ない裕福な台湾人（台湾在住の中国人）など上流階級の通う幼稚園に人形が贈られました[51]。朝鮮では、先に述べたような同化政策を推進するために日本人・朝鮮人の小学校に均等に人形が配布されました。このように、配布と受け取りパターンは大日本帝国内の地域によって少しずつ異なっていましたが、基本的にはエリート層中心で、日本国家の誇りを強調・重要視する姿勢が保たれていました(52)。

2 答礼人形

CWFCは、返礼は無用であることを繰り返し強調しましたが(53)、贈答にかかわる権力政治を熟知している日本側は、もちろん従いませんでした。人形を受け取った多くの学校はすでに個々に感謝の手紙や絵、作文などを送ろうとしていましたが、一九二七年四月二一日、渋沢栄一をはじめとする面々が改めて「青い目の人形に劣らない」答礼人形を送ることを決めました(54)。人形が「ママーという声」を発するという技術力だけでなく、「旅券、手紙、予備の服やおもちゃ」を付属で人形に持たせるというアメリカ側の細かい気配りに、日本人は感銘を受けました(55)。このアメリカからの贈り物に匹敵するだけでなく、彼らを圧倒するものを贈るために、日本側は市松人形とお道具一式で一体約三五〇円もする答礼人形を五八体贈ることを決定しました。CIFCJは文部省の旗振りで、人形を受け取った小学校の女生徒から二万九千円を集め、答礼プロジェクトの資金としました(56)。

答礼人形はその数では青い目の人形にとても及びませんでしたが、一体一体が伝統工芸の名工による素晴らしい作品でした。着物やお道具一式もまた、一流百貨店の特注品でした。これらは価値のつけられないほど貴重な手工芸品で、西洋や大量生産のアメリカ人形が表す近代性を超克すべく、このうえない日本の伝統、優雅な文化と洗練を象徴していました(57)。一九二四年移民法によって野蛮だとされ、アメリカ文化に同化不能とされた日本人の教養と礼節を主張しようとしたのです。

外務省は、答礼人形と共に贈られる英文冊子『ようこそアメリカのお人形使節』を制作し、その中で日本で行われた歓迎式の様子を伝えることにしました。この冊子は和紙製で日本式に製本されており、桜や富士山の写真が掲載されていました。このような伝統美の魅力を押し出しつつ、冊子は、近代国家日本についてのプロパガンダ的な主張を冒頭に掲げていました。曰く、「近代日本は欧米諸国とともに文明国家の一員であり、六〇年近く前に見いだされた極東ロマンスの地としての日本はすでに失われ、ラジオや飛行機を使う新しい国に変わった」と。それを裏付けるかのように、真新しい赤レンガ造りの東京駅の写真も冊子に掲載されました(58)。

人形は京都か東京で制作されたのですが、送別会のためにそれぞれが代表する地域に送られました。おそらく、地元の小学生は、美しい（そして高価な）人形と自分を重ね合わせ、再度自国の誇りを強くすることを期待されていました。答礼人形事業に参加した小学校は、道府県の教育当局から人形と共に贈る手紙を書くようにとの要請を受けました。手紙は、多くの場合、優等生の女生徒によって和紙（時には花模様の入ったもの）に立派な文字で書かれました。たいていの手紙はかしこまった日本語で、アメリカの子どもたちへの感謝の気持ちを伝え、自分たちの学校でどんなに人形が歓迎されたか、そして日本の四季がとても美しいことを語り、また、答礼人形を贈ることにも言及しました。これらの手紙の概して威厳ある調子からは、代表して手紙を書いた子どもたちの高い自尊心が窺えます。手紙は日本の子どもたちの教養レベルをまたも示すものでしたが、そのメッセージを理解したアメリカ人はまずいなかったはずです(59)。返礼の手紙や送別会においても優秀な生徒や良い学校が名指しされました。

日本国内において、答礼人形事業は伝統的な人形産業にも大きな影響を与えました。雛祭りに参加するために贈られた青い目の人形は、人形業界最大のビジネス・チャンスの一つでもある雛祭りの地位を大いに高めました。さらに、伝統的な日本人形を返礼として用いたことで、人形の価値は一層高まり、今や国際的に認められるはずの工芸品になりました。最高の人形を贈るために、人形職人の間で選考会が東京で行われました。一〇〇体以上の人形から五一体が選ばれ、一等はまだ若い平田郷陽の作品でした。彼はのちに人形師として人間国宝に認定されます。国際的な人形交流事業は、人形業界に国家的、国際的な権力と権威を注ぎ込むことで、日本の人形職人が芸術家として認められる可能性を切り開いたのです(60)。

答礼人形は、一九二七年のクリスマスに間に合ってアメリカに到着しました。文部省の役人二人が同行し、照宮成子内親王が提供したミス・ジャパン（人形）に率いられた答礼人形使節は、アメリカの人形よりもさらに直接的に国家の承認を受けていました。国際親善に名を借りて、国家的プライドと教養と礼節ある文明国の主張を双肩に担った答礼人形は全米を練り歩きました。アメリカ政府は、駐米日本大使が支持したこの小さな使節を軽視するわけにはいきませんでした。一九二七年一二月二七日、ワシントンD.C.のナショナル・シアターで行われた公式歓迎式典では、CWFC委員長のヘンリ・ピーボディ夫人（ルーシィ・ピーボディのこと）が司会を務め、ハーバート・フーヴァ夫人、ウッドロウ・ウィルソン夫人、ウィリアム・ハワード・タフト夫人など錚々たる面々が出席しました。クーリッジ大統領夫人は欠席でしたし、会は本来の女性中心の性質を取り戻してはいたものの、アメリカ政府は人形に最大の敬意を払ったのです(61)。CWFCの要約によると、一九二八年一月から七月の間、答礼人形は二つを除くすべての州、四七九の町や都市を訪問しました(62)。

4――残響

人形交流は、CWFCにとって少なくとも表面上は、大成功をおさめました。青い目の人形に対する日本の反応は予想以上に好意的であり、その熱意により、民間のボランティア事業だった人形交流事業は二国政府間の疑似的外交事業の高みに上り詰めました。事業は財政面でも黒字でした(63)。

この成功に気をよくしたCWFCは、「メキシコの若者たちはアメリカの若者と同様に自国の独立記念日を大切に」しており、「メキシコは普通教育を非常に重視している」として一九二八年九月一六日の墨独立記念日に合わせてメキシコの子どもたちに三万個の友情通学カバンを贈りました(64)。その返礼としてメキシコの子どもたちは、メキシコの工芸品入れた四九個のキャビネットを贈り返しました。一九二九から一九三〇年、ＣＷＦＣはフィリピンに二万八千個の「友情の宝箱」を贈りました。その中には、雑貨と、委員会の主張によれば、フィリピンにどうしても必要な「良い本」が入れられました。「宝箱」は軍の輸送部隊によって無料で運ばれ、一二月三〇日に子どもたちに配られました。その日はホセ・リサールの記念日でした。リサールは「残酷なスペインのフィリピン支配」に反対して活動したフィリピン独立運動の中心的人物で、アメリカでいうジョージ・ワシントンのような国民的英雄です(65)。アメリカのフィリピン支配に抵抗したエミリオ・アギナルドの存在をかき消そうとしたのでしょうか。第二次世界大戦前最後の事業は一九三二から三三年に「友情フォルダー」を中国に贈るというもので、その時には既に友好・親善事業の衰退は明らかでした(66)。第二次世界大戦後、ＣＷＦＣは「世界のクリスマス・ハヌッカ祭（ユダヤ人のクリスマスにあたる祝祭）」として事業を再開し、一九四五年から一九五〇年の五年間、アメリカの子どもたちは、戦争によって荒廃したヨーロッパとアジアの子どもたちに二〇〇万個の贈り物をしました(67)。

以上のような贈り物の対象国の選択は、ＣＷＦＣがアメリカの外交関係をしっかりと見極めていたことを示しています。委員会は一九二四年移民法で激怒した日本や原油問題で揉めているメキシコ、そしてアメリカの支配下にあったフィリピンなど、当時もっとも緊迫した状態にあった国との間に関係改善をめざして意識的に介入したのです(68)。それは、対象国のプライドを満足させるよう最大限の注意を払った、優しげな介入でした。「子どもたちの友情」を育て、大人になった彼らが平和な世界を築くことに希望を託して人形交流は行われました。しかし、そうすることで、ＣＷＦＣは、思いやりのある寛大な世界の平和調停者というナルシスティックな自己イメージを構築していたのであり、アメリカが経済力、軍事力、国際政治の面で贈られる側よりはるかに優位に立っているという事実をうやむやにしていたのです。すなわち、ＣＷＦＣが推奨した対外友好的な態度をとることで、贈り手たちは、アメリカ市民として、自らが自国の人種主義、石油権益への野心、植民地主義における当事者であることを忘れることができたのです。この観点から見ると、青い目の人形を受け取ったときの大連の現地日本人住民の反米感情は、単なる誤解や極端なナショナリズムの表現ではなく、むしろ贈り物を受け取る側が共通して見出したアメリカの偽善への苛立ち、すなわち国際関係という局面でのアメリカの二枚舌を経験したことのある弱者たちに共有されていた感情だったのかもしれません。

ＣＷＦＣは一九三〇年代と四〇年代に友好事業を推進する中で、カトリック教徒とユダヤ教徒の協力も得ようとしました。早くも一九二七年には、「委員会にカトリックの代表を入れる」ことを投票で決め、友好事業は、偏狭な分派主義に陥るべきではないと繰り返し強調しました(69)。第二次世界大戦後、ＣＷＦＣの贈り物プロジェクトはクリスマスだけでなく、ユダヤ教の行事であるハヌッカにも関連づけられるようになりました。ＣＷＦＣは支持層を拡大し、世界中の人々の多様な宗教的背景に応じるために、その宗教的アイデンティティを再定義しようとしました。それは、幅広いユダヤ・キリスト教の伝統に基づきつつ、他宗教の人々にも受け入れ可能な宗教的アイデンティティであり、他国の人々との関係の中で構築されるアメリカのナショナリズムもそのようなものとして構築されました。そうすることでＣＷＦＣは、世俗的ヒューマニズムに接近し、かわりに最も信心深いキリスト教徒たち（ファンダメンタリストなど）を疎外したのです。

太平洋をまたいだ日本でも、人形交流の影響は一九三〇年代に入っても続きました。一九三一年、女子教育家の嘉悦孝子主導により高等女学校二六校が、当時の東京市役所と中央朝鮮協会を介して植民地朝鮮の一三県へ一三組の雛人形を送りました。その事業は「愛の使者、東京より朝鮮へ」と名付けられました。東京や朝鮮の各地で開催された歓迎式典の報告書、朝鮮の女学生が美しい日本語で書いた感謝の手紙は、ＣＷＦＣが一九二九年に出版した友情人形に関する本とまったく同じように本にまとめられ出版されました(70)。一九三三年、満州の傀儡政権の一周年を記念して日本政府は四人の女の子を満州への友好使節として派遣し、最後の皇帝溥儀に一体の人形を贈りました。その後、六〇体の日本人形が満州に贈られ、配布されました。当時の文部大臣鳩山一郎は、人形の胴体に漢字で「共存共栄」と書き込み、人形の呪術的念力への日本の伝統的信仰があからさまになりました(71)。これら両方のケースにおいては、女性のリーダーシップや参加は公的に目に見えるものでした。

日本人は統治には強制だけではなく自発的な同意も必要であり、後者については友好関係が不可欠であることをアメリカとの友好事業から明らかに学んでいました。また、日本人は国境を越えて友好のメッセージを送るうえで女性を使うこと、あるいは国際政治における女性的言説の有用性を学んだのです。さらに日本人は、友好のメッセージを伝えるうえで、どのように民間主導の事業を政府に結びつけていくかを学びました。しかし、日本人は国際的な贈り物は相手に合わせて選ぶべきであるということは学びませんでした。人形には、特に日本の市松人形には、友好親善大使として普遍的に魅力があると誤解していたのです。そのため、彼らは日本人形を支配したい人々に送りつけ、ぶしつけに日本の文化や伝統を押しつけました。当時の日本人のあまりにも隠し立てのない支配欲は、後の世代の目には、粗野で奇想天外、滑稽にさえ映ります。

青い目の人形の大半が第二次世界大戦中に敵国に対する憎しみを背負って処分されたことはよく知られています。このことは日本人の物神崇拝的な人形の扱いと心の狭さを明らかにするだけでなく、人形交流事業がその事業を最初に始めた強者のアメリカ人よりも、相対的弱者であった日本人の心にはるかに深く刻まれた出来事であったことを示しています。

●註

1　NHKの番組については永井萠二『見知らぬ人見知らぬ町——ルポルタージュ 国境の町から火の国へ』太平出版社、

一九八〇年、一六七〜一七二頁。典型的な平和教育のテキストについては、教科研授業づくり部会編『戦争を考える授業「青い目の人形物語」――たのしい歴史の授業づくり』学事出版、一九九〇年。日本に現存するアメリカの人形（青い目の人形）については武田英子『青い目をしたお人形は』太平出版社、一九八一年。武田英子『青い目の人形――写真資料集』山口書店、一九八五年。アメリカに贈られた日本の人形については高岡美知子の著作が詳しい。高岡美知子『人形大使――もうひとつの日米現代史』日経ＢＰ社、二〇〇四年。武田と高岡は各国で所在の知られているすべての人形を訪れている。

2　地域レベルの交流については、人形大使「ミス高知」里帰り推進委員会編『おかえりなさいミス高知』高知新聞社、一九九三年、及び横浜市・横浜人形の家企画委員会編『親善人形交流の世界』横浜市・横浜人形の家企画委員会、一九八五年。アメリカの熱狂については、自らの人形探しの研究成果を発表したビル・ゴードンのウェブサイトを参照。〈http://wgoraon.web.wesleyan.edu/dolls/american/locations/index.html〉（二〇一九年五月二〇日閲覧）。また、アラン・ペイトのウェブサイトもある。〈http://www.antiquejapanesedolls.com/pub_friendshipdolls/ADC_Friendshipdolls.html〉（二〇一九年五月二〇日閲覧）。この種の関心はかなりの数の人形ファンや収集家の間で共有されているようだ。アメリカ国内の人形収集家に関しては次を参照。A. F. Robertson, *Life Like Dolls* (New York and London : Routledge, 2004).

3　人形交流事業について短い言及のあるシドニー・ギューリック研究には、Sandra C. Taylor. *Advocate of Understanding* (Kent, OH : Kent State University Press, 1984), 179-181; Izumi, Hirobe. *Japanese Pride, American Prejudice* (Stanford : Stanford University Press, 2001), 103-104. 邦文文献は、茂義樹「シドニー・ギューリックと排日法案」『北米日本人キリスト教運動史』ＰＭＣ出版、一九九一年、五八四〜五八六頁。

4　これは人形交流事業研究の第一人者である是澤博昭氏の基本的見解である。是澤博昭「日米文化交流――日米人形交流を中心として」渋沢研究会編『公益の追求者・渋沢栄一』山川出版社、一九九九年、一九二頁。

5　ギューリックは日本政府の人形事業への協力を得るため一九二六年二月四日、アメリカの駐米日本大使松平恒雄を訪ねている（是澤、一八七頁）。そのため委員会への提案はこれ以前に行われたと考えられる。サンドラ・テイラーはＣＷＦ

Cは一九二六年に結成されたとしているが（Taylor, 179）、筆者は“Report No. 3 : Work Among Children,” in Box 246, CRIA, Rare Book and Manuscript Library, Columbia University.を参照し、結成を一九二五年とした。

6　CWFC, “Suggestions for Leaders, Parents, Teachers and Workers on the Doll Messenger Project” (New Yorkb : Committee on World Friendship Among Children, n.d.) in Folder “Committee on World Friendship Among Children Publications,” CDGA, Swathmore College Peace Collection（SCPC）, Folder “Committee on World Friendship Among Children,” CDGA, SCPC.の中にある一九二六年の新聞の切り抜きによると、人形交流の約二〇年前に「主要な都市で（中略）感謝祭の時、孤児にお下がりの人形を贈る寄付運動が呼びかけられた。多種多様な数千もの人形が集められ、親を亡くした不幸な子どもたちに感謝祭のメッセージと共に届けられた。この運動はあたたかい反応と共に迎えられたが、繰り返されることはなかった」という。おそらくCWFCは施しと捉えられかねないお下がり人形の贈り物を避けたかったのだろう。

7　CWFC, “Doll Messengers of Friendship,” Leaflet in Folder “Japan Doll Messengers,” CDGB, SCPC.

8　Minutes, CWFC（June 9, 1926）in Folder 21, Box 44, RG NCC 18, Presbyterian Historical Society（PHS).「続いて黒人人形贈与を避ける方法が話し合われ、「典型的なかわいいアメリカの女の子」という文言を使用することで対象の人形は白い肌であるべきと遠回しに表すことを決定した」とある。これは、アフリカ系アメリカ人の人形を受け取ることで感情を害する日本人がいるかもしれないという委員会の懸念ゆえである。一九二〇年代～三〇年代にかけて白人の型取り（モールド）人形が着色され黒人人形が作られていた。これらの人形はそれまで製造されていたものほど差別的ではなかったが。フィラデルフィア人形博物館ウェブサイトを参照のこと。〈http://www.philadollmuseum.com/history.asp〉（二〇〇四年一一月一日閲覧）。それでもCWFCは人種差別を示唆するメッセージを送らないよう最大限の注意を払った。

9　これはCWFC主事ジャネット・エムリーチ夫人によって強調された（Minutes, CWFC（June 9, 1926））。

10　CWFC, “Suggestions.”

11　Minutes, CWFC（June 9, 1926).

12　Letter to Sydney Gulick（June 19, 1926）in Box 241, CRIA. この手紙は写しであり送り主は不明である。ヘンリー・ア

トキンソンによるものだとするサンドラ・テイラーの見解を参照した（Taylor, 180)。

13 Ibid.

14 Taylor, 179.

15 教会婦人会の海外伝道運動については、小檜山ルイ『アメリカ婦人宣教師——来日の背景とその影響』東京大学出版会、一九九二年、六一～一七七頁。海外伝道事業や超教派的協力への女性の関わりについてはPatricia R. Hill, *The World Their Household*（Ann Arbor : University of Michigan Press, 1985), 8, Chapters 5 and 6.

16 ＮＣＡＪＲの便箋のレターヘッドは、ギューリックの手紙（Letter by Sydney Gulick（June 17, 1926）in Box 241, CRIA）に見ることができる。そこにルーシィ・ピーボディの名が載っている。

17 *Everyland*, Vol. 16, No. 4（Apr. 1926), 1, 22-23.

18 Letterhead of a letter jointly signed by Jeannette W. Emerich and Sidney L. Gulick（Jan. 25, 1928）in Folder 21, Box 44, RG NCC 18, PHS. ＣＷＦＣの会員は当時委員長と主事を除き全体で四四名、男性は四名でそのうち一名がギューリックだった。ただしＣＷＦＣがＦＣＣＣの全米国際正義親善委員会（ＮＣＩＪＧ）によって設立された経緯も考慮すべきだろう。ＮＣＩＪＧは男性主導でギューリックはその主事であった。ＮＣＩＪＧの四名の主導者はギューリックを含めＣＷＦＣのレターヘッドに名を連ね、これは、男性がＣＷＦＣの背後で影響力を行使していたことを示唆している。「ＣＷＦＣ一般会員」一覧表（Aug. 23, 1929）には二四四名の会員がおり、うち男性は二七名のみであった（Folder 21, Box 44, RG NCC 18, PHS)。

19 ピーボディ夫人の略歴については“Lucy Peabody,” in Edward T. James, ed. *Notable American Women*, Vol. 3（Cambridge and London : Belknap Press, 1971)。「東洋の七校の女子大学事業」については、Rui Kohiyama, “From Ecumenism to Internationalism : American Women's Cross-Pacific Endeavor to Promote Women's Colleges in the Orient,” Kousar J. Azam, ed. *Rediscovering America : American Studies in the New Century*（New Delhi : South Asian Publishers, 2001)。

20　オハイオ州では二二八三体の人形が集まった。CWFC, *Dolls of Friendship* (New York : Friendship Press, 1929), 22-23, 131; Minutes, CWFC (Nov. 22, 1926) in Folder 21, Box 44, RG NCC 18, PHS. 当初CWFCは二〇万体の収集を計画していた。目標数はすぐに二万五〇〇〇体、すなわち各小学校一体ずつ程度に縮小された。実際に一九二七年一月二〇日までに集められたのは目標の半数ほどだった。目標数については、CWFC, "Suggestions." 日本側の公式発表では、一万二〇三五体がアメリカから贈られたという。Committee on International Friendship among Children in Japan (CIFCJ), *Welcome to the American Doll-Messengers* (Aug. 1927), 35. 当初、締め切りは一九二六年一一月二〇日を予定していたが、のちに一か月延長された (*Everyland,* Vol. 17, No.1 (Jan. 1927), 1)。

21　Minutes, CWFC (June 9 and Nov. 22, 1926) in Folder 21, Box 44, RG NCC 18, PHS. キャンプファイア・ガールズ (Camp Fire Girls) はギューリックの弟、ルーサー・ギューリックとその妻によって設立された。ルーサー・ギューリックはＹＷＣＡアスレチック部門のリーダーだった。宇野知佐子「ルーサー・ギュリック――前世期転換期における身体・キリスト教・ジェンダー」東京女子大学提出修士論文、二〇〇三年三月。

22　"Ann Haseltine Bradford," News clipping (n.d.) in Folder "CWFC," CDGA, SCPC.

23　Minutes, CWFC (Nov. 22, 1926) in Folder 21, Box 44, RG NCC 18, PHS.

24　*Christian News* (Feb. 4, 1927) in Folder "WFC," CDGA, SCPC.「小枝」には、占い棒と言う意味もあり、魔女を連想させる。

25　予備の衣服に関してはトマス夫人の「「予備の衣服、洗濯のきくものが望ましい」という指摘」によるものだった (Minutes, CWFC (n.d.) in Folder 21, Box 44, RG NCC 18, PHS)。ジェンダー別の役割については、CWFC, "Suggestions."

26　Minutes, CWFC (Nov. 22, 1926). 女性たちは募金もしている。一九三四年のＣＷＦＣの概算によると、委員会は一九二六年の時点で人形交流事業のために二万九〇六九・九八ドルを受け取っている (Minutes, CWFC (Apr. 3, 1934) in Folder 22, Box 44, RG NCC 18, PHS)。むろん、これは参加者が実際に負担した額とは別である。一万二〇〇〇体の人形を準備するには、人形本体 (各三ドル、衣服は別) と輸送費 (各一ドル。注39を参照) だけでも四万八〇〇〇ドルかかった。

27 これは当時のCWFCの基本見解だった。「二〇世紀最大の出来事は世界という概念の誕生である。これ以前、世界は存在していなかった。帝国や国家、大陸や海、「領域」はあった。しかし、「世界」はなかった。「世界」はその名の示す通り「世界」の出来事であった、世界大戦のときにできたのだ。今ではすべての物のわかる人間が「世界」は拡大していくことを理解している。「世界」の歴史、「世界」の経済、「世界」の平和という具合に」。これはデ・マダリアーガ氏の言葉で、CWFC, *Creating a World of Friendly Children* (New York : CWFC, 1932), 8 に引用されている。

28 婦人伝道局と男性主導の伝道局の合併については、R. Pierce Beaver, *American Protestant Women in World Mission* (1968 ; rpt., Grand Rapids : Eerdmans, 1980), Chapter 7.

29 CWFCの宗派・宗教を問わない方針については例えば、CWFC, 1932, 6 が分かりやすい。人形交換を含むCWFCの活動を説明するにあたりこの事業ガイドブックには「考えうるあらゆる誤解を無くすため、委員会は開設当初から、宗教性や宗派プロパガンダ性のある資料やシンボルを送らないことを強調してきた」とある。

30 カトリック教徒とユダヤ教徒の流入と、その宗派不問の世俗化方針への影響について筆者は、Rose Cohen. *Out of Shadow* (1918; rpt., Ithaca and London : Cornell University Press, 1995) から着想を得た。リベラル対保守論争については、Chester E. Tulga. *The Foreign Missions Controversy in the Northern Baptist Convention* (Chicago : Conservative Baptist Fellowship, 1950); Bradley J. Longfield. *The Presbyterian Controversy* (New York : Oxford University Press, 1991); Robert T. Handy. *Undermined Establishment* (Princeton : Princeton University Press, 1991). なお、一九世紀の女性の政治文化については、小檜山ルイ「女性と政治分離」大西直樹・千葉眞編『歴史のなかの政治分離』彩流社、二〇一〇年を参照。

31 Minutes, CWFC (Nov. 22, 1926).

32 井上章一『人形の誘惑――招き猫からカーネル・サンダースまで』三省堂、一九九八年。いくつか大胆な主張がなされているが、同書は一般的に日本において人形に付託される意味群の例を豊富に紹介している。

33 "Doll Messengers of Friendship," Leaflet in Folder "Children and World Peace," Subject File, SCPC.

34　既出 "Ann Haseltine Bradford" を参照。なお、アリス・ケアリは同志社神学校で教えたオーティス・ケアリ（一八五一～一九三二）の娘。

35　日本においてもむろん日本キリスト教婦人矯風会やＹＷＣＡに代表されるキリスト教系団体や愛国婦人会のような非宗教的団体による女性の活動は存在した。実際、当初婦人平和協会の代表塚本はま子はＣＷＦＣＪの幹部委員の一人だったが（竜門社編『渋沢栄一伝記資料』第三八巻、渋沢栄一伝記資料刊行会、一九六一年、三八～三九頁）、彼女や婦人平和協会が人形交流において貢献した記録は残っていない。

36　事業開始最初期から「日本の公立学校」の子どもたちが明確に対象とされていた（CWFC, "Suggestions"）。

37　森村ブラザーズがニューヨークで人形の受け取りと発送の面倒を見た。日本郵船会社、大阪商船会社や川崎ルーズベルトライン（現・川崎汽船）を含む五社が無料で青い目の人形を輸送した（CWFC, 1929, 25 - 26）。渋沢栄一は公益のために一民間人として動いただけでなく日米関係において実業界の利益を代表する人でもあった。

38　"Suggestions"; "Doll Messengers of Friendship"; "Doll Messengers of Friendship" (a larger version) in Folder "Japan Doll Messengers," CDGB, SCPC.

39　参加者は人形一体につき一ドルを負担した。これは発送費や輸送費に充てられ、うち一セントはパスポート取得費であった（CWFC, "Suggestions"）。

40　筆者はロチェスタ科学博物館が保存していた三つのパスポートの写しと、横浜人形の家所蔵の一枚のパスポートの写真を確認した。横浜人形の家編『青い目の人形にはじまる人形交流』横浜人形の家、一九九一年、七頁。それらパスポートの教育的使用についてはCWFC, "Suggestions" を参照のこと。

41　たとえばニューハンプシャ州マンチェスターにあるフランクリン・ストリート教会日曜学校から贈られたマーサ・ヒースに託された手紙には、「日本はアメリカとはずいぶんと違うでしょう。紙でできたおうちでは冬は寒いでしょうし（中略）私は中国よりあなたの国の方が好きです。日本の方がきれいだから」とあった。この手紙については以下のウェブサイトを参照のこと。〈http://wgordon.web.wesleyan.edu/dolls/letters/letters1927/American/marthaheath.htm〉（二〇〇三年六月九日閲覧）。ニュージャージ州モントクレアのグレンフィールド・ミドルスクールからの手紙には「アメリカの女の子たちは人形をとても喜んでドレスアップさせ皆さんに送りました」とある。これを含むその他の手紙については CWFC, 1929, 27-29。

42　Ibid. 25. ＣＷＦＣは当初小学生から高校生までの生徒が「ミス・アメリカ」「ミス・アメリカ・ジュニア」等を選ぶ「人形使節コンテスト」を計画していた（Poster for "Doll Messenger Contest" in Folder 21, Box 44, RG NCC 18, PHS）。これはＣＷＦＣが人形事業を教会だけでなくアメリカの公立学校に拡大しようと試みていたことを示している。しかしこの計画はうまくいかなかった。人形は高校や小学校でなく主に教会ネットワークを通じて集められたためだろう、学校ベースのコンテストは実現しなかった。代表人形の数について筆者はＣＷＦＣの公表をもとにした。日本において代表人形は五〇～五一体に増えたと考えられる。是澤は五〇だったとした（横浜人形の家編、九頁）。その他の資料によると五一体の代表人形が東京博物館に保管されたという。CIFCJ, *Welcome to the American Doll Messengers* (Tokyo : Herald of Asia, 1927), 35.

43　青い目の人形の受け取り、配布にかかった費用は合計で九五四九・七一円。二〇三〇・四五円はアメリカ側の負担、二二六〇円は文部省、一〇〇〇円は渋沢栄一、残りの四二五九・二六円は日米関係委員会によって負担された。この委員会は一九一六年日本で渋沢によって結成された組織で、二四名の影響力のある実業家や知識人が集められた。「日米関係委員会稟議書綴」（一九二七年五月）竜門社編、八四頁を参照のこと。日米関係委員会については渋沢研究会編、一一〇～一一一頁。

44　実際には、日本においてでさえＣＷＦＣとギューリックは伝道にかかわる女性の手腕を利用した。例えば、北海道の長老派の女学校（スミス女学校、現北星学園）出身で日本ＹＷＣＡ初代日本人会長の河井道は、それぞれの人形に付随するギューリックの手紙を和訳し、この日本語版は印刷・配布された。兵庫県に贈られた七〇体の人形の手紙は神戸でアメリカン・ボードが経営する神戸女学院の学生が日本語に翻訳した（CWFC, 1929, 53, 64-65）。なお、管見の限り、日本側の記録には、このことへの言及がない。

45 是澤博昭「青い目の人形――朝鮮半島、関東州を中心として」『日本人形玩具学会誌』第一号（一九九〇年九月）、八八～九三頁。是澤氏のその他の研究は人形交流に対する日本人の反応を明らかにしている。是澤博昭「人形史に影をおとした青い目の人形」『The Antique』第八号（一九九〇年一二月）、一〇四～一〇七頁、是澤博昭「渋沢栄一　国民外交の行方――日本における「世界児童親善会」への認識とその後の展開――」『渋沢研究』第六号（一九九三年一〇月）、四一～六一頁、是澤博昭「一九二七年日米人形交流にみられる国民意識――「一等国」日本コンプレックス――」『渋沢研究』第八号（一九九五年）、三～二三頁、是澤博昭「在米日本人移民からみた日米人形交流――移民法改正運動から国際文化交流へ――」『渋沢研究』第一四号（二〇〇一年一〇月）、三～二五頁など。第一等を獲得し大阪に来た朝鮮人女生徒の日本語は達者ではなく、別の付き添いの女生徒が代わりに話していた可能性があるという（是澤、一九九五年、一三～一四頁）。

46 CWFC. *Adventures in World Friendship* (New York : CWFC, n.d.), 11 in Folder "Committee on World Friendship among Children Publications," CDGA, SCPC.

47 CIFCJ, 20.

48 日本での歓迎式の詳細な情報については、Ibid., 16-42. また、CWFC, 1929, 33-72を参照。

49 竜門社編、四四頁。

50 一〇体の青い目の人形が関東庁へ分配された。五体は大連と旅順の学校に配られ、残りの五体は南満州鉄道会社付属地の五校へ配布された。一九二七年六月一一日、人形たちは大連に集められ、オープンカーに同乗してのパレードや特番ラジオ「人形歓迎の夕」が放送されるなど大々的に歓迎された。満州日日新聞によると「本土ではこのように派手な歓迎会は開かれなかった」（是澤、一九九三年、四六頁）。

51 游珮芸「青い眼の人形と台湾――子どもを通じた国際文化交流の内実」本田和子編『ものと子どもの文化史』勁草書房、一九九八年、九三～一二一頁。

52 朝鮮では朝鮮人は日本語を学ぶ普通学校、日本人は小学校に通っていた。日本統治時代の朝鮮では義務教育が施行されておらず、この普通学校教育は無料ではなかった。一九二七年の時点で公立の普通学校に通っている六歳の朝鮮人児童はたった一七・八％だった。同じ歳の女子ではその割合は六・六％まで落ちる。特に一九二〇年代初頭、ほとんどの朝鮮公立普通学校の児童は自作農家や地主階級出身だった。金富子「植民地期朝鮮における普通学校「不就学」とジェンダー――民族・階級との関連を中心に」歴史学研究会編『性と権力関係の歴史』青木書店、二〇〇四年、三四一、三四三頁。この状況から、日本語を使用する公立普通学校の朝鮮人児童は潜在的にエリートだったことがわかる。

53　ＣＷＦＣは日本がなんらかの返礼をしたいと願うだろうと予想し、「アメリカの子どもたちに感謝の手紙を書き送るだけに止めるのが諸般の事情から望ましい」と話し合っていた（Minutes, CWFC (n.d.) in Folder 21, Box 44, RG NCC 18, PHS）。また、これと同じフォルダの中にあるCWFC, Minutes（Mar. 11, 1927）によれば、「委員会は、日本が人形のような高価なものを送るのは難しいだろうから、返礼については、高価なものを期待していないことを伝えることにし、次のように決議した。委員会は日本の返礼したいという気持ちへの感謝を伝え（中略）日本の子どもたちが生活の様子などを写真に収めてアメリカに送ることができるならそれは子ども同士の友情や相互理解を確固たるものにし、とても興味深い活動になるだろうと（日本側に）伝える」ことになった。

54　竜門社編、八二頁。個々の小学校が送った贈り物については『国民新聞』（一九二七年六月二日）。竜門社編、八三～八四頁を参照。筆者は二〇〇三年ロチェスタ科学博物館で、山梨県旭小学校からの贈り物を確認した。

55　この点における渋沢の見解については竜門社編、六七頁を参照のこと。日本人児童の間の一般的な印象は永井、一六九～一七〇頁。女子児童は人形の着用していたレースの下着にも驚いていた（永井、一七〇頁）。

56　ＣＩＦＣＪは元来五〇体の人形を贈るため女子児童から一銭募金をし、二万六〇〇〇円を工面することを計画していた（竜門社編、八一頁）。（当時の）アメリカ四八州とコロンビア特別区それぞれと、予備の人形一体である（答礼人形事業を各学校に告知するために配布された竜門社のパンフレットを参照。竜門社編、八九～九三頁）。委員会は二万九〇〇〇円という想定以上の額を女子児童から集め（竜門社編、九四頁）、五八体の人形を送ることができた。日本国・県・植民地を代表する五〇体と主要八都市を代表する八体である。ＣＩＦＣＪは実際、一体の人形に三五〇円ずつ、計二万五〇〇円を費やし、残りはその他の出費に充てた（竜門社編、九四頁）。

57　この「近代性を超克する」という発想については、Harry Harootunian, *Overcome by Modernity* (Princeton and Oxford : Princeton University Press, 2000), Chapter 2. 一九三〇年代に日本で「超克」の概念が広く使われたが、筆者は一九二七年の人形交流においてもそれを見出すことができると考えている。

58　CIFCJ, 1927. この冊子製作資金提供については、竜門社編、九四頁。総額三五〇〇円で一万七〇〇〇部が印刷された。

59　筆者の見解はワイオミング州立博物館所蔵の山梨県からの手紙、オレゴン大学付属美術館所蔵の神奈川県からの手紙、フェニックス歴史博物館所蔵の鹿児島県からの手紙、オハイオ歴史協会所蔵の大阪市からの手紙による。当時これらの手紙の大多数は英訳されていなかった。

60　この選考会については横浜人形の家編、五一～五三頁。京都で制作された七体の人形はこの選考会に出品されなかった。日本人形産業界における人形交流の重要性は日本人形研究会編『人形読本』雄山閣、一九三三年。この巻の序論を、当時の文部省の役人で答礼人形と共にアメリカに渡った関屋竜吉が書いている。また、人形交流当時のある人形収集家の熱狂については、西沢笛畝『雛』芸艸堂、一九二八年、一～四頁。平田郷陽にとっての人形交流の意義は、平田郷陽『人形芸五十年』講談社、一九七六年、一九七～一九八頁。また、是澤、一九九〇年一二月でもこの点について簡明に論考がなされている。

61　国務次官補ウィリアム・キャッスルはクーリッジ大統領夫人が歓迎式に一回も参加しないことを「できるだけ感じ良く」松平駐米大使に伝えねばならなかった。彼はそのような厄介な外交問題をもたらした人形事業にうんざりし、またこれによって二国間関係が改善することは決してないだろうとも考えていた（Hirobe, 103 - 104）。

62　CWFC, 1929, 104.

63　Minutes, CWFC (Nov. 4, 1927) in Box 243, CRIA.

64　CWFC. "World Friendship among Children : A Goodwill Project between the Children of America and the Children of Mexico," Pamphlet in Folder "Committee on World Friendship among Children Publications," CDGA, SCPC.

65 CWFC. "Adventures in World Friendship"（n.d.）, 29-30 in Folder "Committee on World Friendship among Children Publications," CDGA, SCPC. 約一万個の宝箱がフィリピン友好事業の後に残った（Minutes, CWFC（Sept. 10, 1930）in Box 244, CRIA）。この赤字を補填するために宝箱は一九三一年のプエルトリコを対象とする事業に売却された。この事業では、飢饉救済のための資金を宝箱といっしょに送ることが呼びかけられた（Minutes, CWFC（May 19, 1931）in Box 245, CRIA）。

66 Minutes, CWFC（June 6, 1933）in Box 246, CRIA. フィリピン友好事業で発生した赤字の影響は明らかで、中国に送られた友情フォルダーはそれまでの三事業の贈り物に比して廉価だった（Minutes, CWFC（May 19, 1931）, 2-4）。また、前述のプエルトリコ事業同様、中国事業では飢饉救済も目的に取り入れられた（CWFC, "A World of Friendly Children : Next Step"（n.d.）in Box 246, CRJA）。一九三七年からアメリカの子供たちはＣＷＦＣを通じて戦争で傷ついたスペインの子どもたちに友情スーツケースを送った（CWFC, "Dear Friend" letter（Jan. 1939）in Folder "CWFC," CDGA, SCPC）。このように委員会の事業は一九三〇年代には災害支援や戦後復興に変わり始めた。

67 CWFC. "World Christmas Gift," Poster（1950）in Folder 22, Box 44, RG NCC 18, PHS.

68 メキシコは「国際関係上の緊張があり、事業が両国の子どもたちの間の親善を促進すれば、緊張緩和に役立つだろうとされたため」二番目の事業に選ばれた（Minutes, CWFC（Mar. 11, 1927）, 2）。その緊張とは明らかに石油権益に関わっていた。石油権益に関する問題は一九二七年のモロー裁定によって一時的に緩和したものの、一九一七年以降未解決のままであった。これについてはThomas A. Bailey. *A Diplomatic History of the American People*（Englewood Cliffs, NJ : Prentice-Hall, 1980）, 679-680, 684. など。

69 Minutes, CWFC（Nov. 4, 1927）in Box 243, CRIA.

70 中島司編『東京より朝鮮へ――愛の使者雛人形』中央朝鮮協會、一九三一年。朝鮮総督、斎藤実は「全面的に人形交流を是認し」、その妻はソウルで開催された歓迎会に出席している（中島、一、三九頁）。

71 横浜人形の家編、二一一頁。

【筆者コメント】本論文はかなり前に英文で発表したものなので、今回日本語で発表するに際し、前稿の誤記をいくつか訂正した。アメリカにおける人形交流をより広い文脈に位置づけた拙著『帝国の福音――ルーシィ・ピーボディとアメリカの海外伝道』東京大学出版会、二〇一九年も参照して欲しい。また、註2にあげたインターネットサイトは今回アクセスを確認し、すでに存在しないものは削除し、新たなサイトに置きかえた。

●主な参考文献

井上章一『人形の誘惑――招き猫からカーネル・サンダースまで』三省堂、一九九八年。

宇野知佐子「ルーサー・ハルシー・ギュリック」東京女子大学提出修士論文、二〇〇三年三月。

金富子「植民地期朝鮮における普通学校「不就学」とジェンダー――民族・階級との関連を中心に」歴史学研究会編『性と権力関係の歴史』青木書店、二〇〇四年。

教科研授業づくり部会編『戦争を考える授業「青い目の人形物語」――たのしい歴史の授業づくり』学事出版、一九九〇年。

小檜山ルイ『アメリカ婦人宣教師――来日の背景とその影響』東京大学出版会、一九九二年。

小檜山ルイ『帝国の福音――ルーシィ・ピーボディとアメリカの海外伝道』東京大学出版会、二〇一九年。

是澤博昭「青い目の人形――朝鮮半島、関東州を中心として」『日本人形玩具学会誌』第一号、一九九〇年九月。

是澤博昭「人形史に影をおとした青い目の人形」『The Antique』第八号、一九九〇年一二月。

是澤博昭「渋沢栄一　国民外交の行方――日本における「世界児童親善会」への認識とその後の展開――」『渋沢研究』第六号、一九九三年一〇月。

是澤博昭「一九二七年日米人形交流にみられる国民意識――「一等国」日本コンプレックス――」『渋沢研究』第八号、一九九五年。

是澤博昭「日米文化交流――日米人形交流を中心として」渋沢研究会編『公益の追求者・渋沢栄一』山川出版社、一九九九年。

是澤博昭「在米日本人移民からみた日米人形交流――移民法改正運動から国際文化交流へ――」『渋沢研究』第一四号、二〇〇一年一〇月。

茂義樹「シドニー・ギューリックと排日法案」『北米日本人キリスト教運動史』ＰＭＣ出版、一九九一年。

渋沢研究会編『公益の追求者・渋沢栄一』山川出版社、一九九九年。

高岡美知子『人形大使――もうひとつの日米現代史』日経ＢＰ社、二〇〇四年。

武田英子『青い目をしたお人形は』太平出版社、一九八一年。

武田英子『青い目の人形――写真資料集』山口書店、一九八五年。

永井萠二『見知らぬ人見知らぬ町――ルポルタージュ 国境の町から火の国へ』太平出版社、一九八〇年。

中島司編『東京より朝鮮へ――愛の使者雛人形』中央朝鮮協會、一九三一年。

西沢笛畝『雛』芸艸堂、一九二八年。

日本人形研究会編『人形読本』雄山閣、一九三三年。

人形大使「ミス高知」里帰り推進委員会編『おかえりなさいミス高知』高知新聞社、一九九三年。

平田郷陽『人形芸五十年』講談社、一九七六年。

游珮芸「青い眼の人形と台湾――子どもを通じた国際文化交流の内実」本田和子編『ものと子どもの文化史』勁草書房、一九九八年。

横浜人形の家編『青い目の人形にはじまる人形交流』横浜人形の家、一九九一年。

横浜市・横浜人形の家企画委員会編『親善人形交流の世界』横浜市・横浜人形の家企画委員会、一九八五年。

竜門社編『渋沢栄一伝記資料』第三八巻、渋沢栄一伝記資料刊行会、一九六一年。

＊

Bailey, Thomas A. *A Diplomatic History of the American People*. Englewood Cliffs, NJ : Prentice-Hall, 1980, 679-680, 684.
Beaver, R. Pierce. *American Protestant Women in World Mission*. 1968 ; rpt., Grand Rapids : Eerdmans, 1980.
Cohen, Rose. *Out of Shadow*. 1918 ; rpt., Ithaca and London : Cornell University Press, 1995.
CIFCJ. *Welcome to the American Doll Messengers*. Tokyo : Herald of Asia, 1927.
CWFC. *Dolls of Friendship*. New York : Friendship Press, 1929.
CWFC. *Creating a World of Friendly Children*. New York : CWFC, 1932.
Handy, Robert T. *Undermined Establishment*. Princeton : Princeton University Press, 1991.
Harootunian, Harry. *Overcome by Modernity*. Princeton and Oxford : Princeton University Press, 2000.
Hill, Patricia R. *The World Their Household*. Ann Arbor : University of Michigan Press, 1985.
Hirobe, Izumi. *Japanese Pride, American Prejudice*. Stanford : Stanford University Press, 2001.
Kohiyama, Rui. "From Ecumenism to Internationalism : American Women's Cross-Pacific Endeavor to Promote Women's Colleges in the Orient." Kousar J. Azam. ed. *Rediscovering America : American Studies in the New Century*. New Delhi : South Asian Publishers, 2001.

Longfield, Bradley J. *The Presbyterian Controversy*. New York : Oxford University Press, 1991.

Robertson, A. F. *Life Like Dolls*. New York and London : Routledge, 2004.

Taylor, Sandra C. *Advocate of Understanding*. Kent, OH : Kent State University Press, 1984.

Tulga, Chester E. *The Foreign Missions Controversy in the Northern Baptist Convention*. Chicago : Conservative Baptist Fellowship, 1950.

●主な資料館

Peace Collection, Swathmore College（SCPC）.

Presbyterian Historical Society（PHS）.

Rare Book and Manuscript Library, Columbia University.

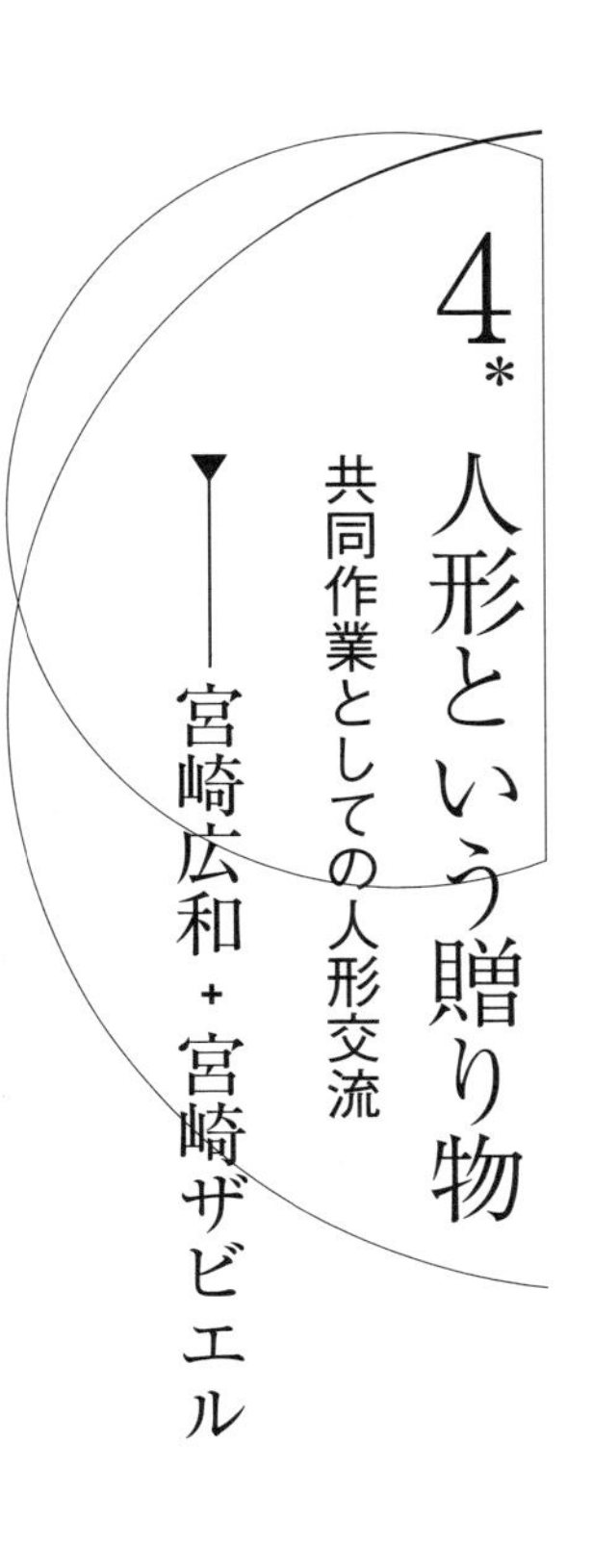

4* 人形という贈り物

共同作業としての人形交流

▼――宮崎広和＋宮崎ザビエル

1――はじめに

一九二七年にシドニー・ギューリックと渋沢栄一の尽力で始まった日米人形交流。一九七〇年代に「再発見」されて以来、日米の市民レベルで、様々な交流活動が行なわれてきました。九〇周年を迎えた二〇一七年、日米各地で記念行事が開かれました。今、こうした交流にどのような意義があるのでしょうか。人形を通じた国際交流を続けてきた人たちの声に耳を傾けながら、この問いに答えていきたいと思います。

第2章の是澤博昭さんの議論にあったように、そもそもギューリックと渋沢による人形交流のきっかけは、「排日移民法」として知られる一九二四年移民法でした。ギューリックは、こうした移民政策に抗議する運動を展開しましたが、結局移民政策を変えることはできませんでした。ギューリックは、未来の世代に希望を託すことにし、アメリカの子どもたちから日本の子どもたちへの人形の贈り物を思いついたのでした。別のいい方をすれば、日米人形交流は絶望の結果生まれたプロジェクトであるといえるかもしれません。

ここでは、人形交流を、贈り物、そして贈与交換という文化人類学的視点から考えてみたいと思います。

2――贈り物としての人形

私の専門分野である文化人類学は、贈与について一〇〇年近く議論を続けてきました。当初は、いわゆる「未開社会」の研究であった文化人類学も、脱植民地化・グローバル化といった世界情勢の変化の中で大きく変容をとげ、研究対象も、理論も、手法も大きく変わりました。太平洋諸島民や北アメリカ先住民の儀礼的贈与交換の研究から始まった贈与交換論も、その後、西洋と非西洋の初期接触過程や植民地化過程でのモノの交換についての研究、さらには現代世界における臓器移植や人道援助といった現象に贈与交換の観点からアプローチする研究へと広がりました。贈与交換論は、今日でも、文化人類学の理論的支柱の一つです。

文化人類学では、贈与交換を、戦争や紛争の対極にあるものとして考えてきました。贈り物の交換は人と人の新しい関係をつくったり、すでにある人間関係を強めたりするからです。

その一方で、日本のような贈与社会の住人がよく知っているように、贈り物の交換は単純なものでもありません。贈り物を贈るときは、相手との過去の関係や将来の関係を考えながら、何を、いつ贈るか考えなければなりません。贈り物の贈り方にも気を遣うはずです。贈り物を包む包装紙、贈り物に添える言葉、そして贈り物を渡す時の態度や仕草についてもよく考えなければなりません。

返礼をするときもいろいろと気を遣います。どのくらいの時間をおいて、どのくらいの価値のものを返礼するか――これは、いわゆる互酬性の問題です。誰も返礼をくださいといって贈り物を贈る人はいません。でも返礼しなければしないで問題が生じるでしょう。逆に、すぐその場で返礼したり、まったく同じものを贈ったりしては、贈り手の気持ちを傷つけてしまいます。返礼する側は、贈り手の気持ちを酌みながら、上手にお返しをしなければならないでしょう。贈与交換は面倒なものなのです。効率化して、簡素化したい気持ちもわかります。しかし、文化人類学では、恩や義理といった感情、すなわち負債の感覚こそ、人と人を結びつけるものであり、それが社会的に生産的な方向へ向かうこともあれば、破壊的な方向へ向かうこともあると考えるのです（モース・二〇一四［一九二三－一九二四］）。

このように、贈り物には時間的・感情的投資がつきものです。そして、贈り物がいつもうまくいくとは限りません。それは時としていさかいや緊張関係を生みます。というのも、贈り物は、必ずしも純粋な動機から贈られるものではなく、また、恩や義理といった感情だけでなく、返礼や見返りについての計算、計略、利益関心が複雑に絡み合った行為でもあるからです。贈答行為には、そうした複雑に絡み合った動機や意味が含まれているのです。こうした観点からいえば、是澤さんが指摘されたように、ギューリックが組織した人形の贈り物、「人形プロジェクト」の意味を日本の人びとが誤解したことも、さほど不思議ではありません。錯綜し、相互に矛盾する動機や意味を丁寧に包括的に描き出していくことこそ、文化人類学の贈与交換論的な視点なのです。

日米人形交流もいろいろな動機や意味が絡まった交流でした。そもそも、シドニー・ギューリックが始めた人形交流は、「交換」とは位置付けられていませんでした。それは、将来への贈り物であり、返礼を期待したものではありませんでした。日本で渋沢が返礼の準備を始めようとした時も、ギューリックは、その必要性をはっきりと否定しています（渋沢青淵記念財団竜門社編・一九六一：二二一～二二二）。ギューリックは、日本の贈与文化、とりわけその返礼、しかも等価交換の重要性（伊藤・二〇一一）についてよく知っていたのでしょう。「人形プロジェクト」が「贈与」と解釈されないように腐心した形跡もあります（Kohiyama 2005．小檜山、本書第3章）。

しかし、それが返礼を要求しない純粋な贈り物であったか、というと、そう単純でもありませんでした。そこにはやはり何らかの計算があったと思います。これは、第3章で小檜山ルイさんが指摘されたことですが、ギューリックはアメリカのキリスト教の団体を組織して人形を準備しながら、日本のキリスト教団体ではなく、日本政府に働きかけようとしたのはなぜでしょう。何らかの政治的・社会的効果を狙ったのでしょう（Kohiyama 2005. 小檜山、本書第3章）。

そして、日本からの返礼、すなわち「答礼人形」は、アメリカからの贈り物であった「青い目の人形」をはるかに上回る品質と価値を持つものでした。五八体の立派な市松人形。これも単なる返礼ではありませんでした。それは日本文化の洗練性を象徴するものであったでしょう。そして、その芸術的価値ゆえに、多くの人形が今日まで博物館や図書館で保管されてきたのです。また、これらの人形の制作は、大正天皇の崩御で雛祭り自粛ムードの中で、人形業界にとっては一大事業でしたし、この過程で様々な技術的な革新が生まれたことは、よく知られています（是澤・二〇一〇、小林・一九九六）。吉徳資料室におられた小林すみ江さんも、「人形界の新しい動きは、昭和二年から始まった」（小林・一九九六：一七五）と指摘されています。

このように贈り物の交換には、様々な人や組織が関わり、様々な動機と計算が織り込まれています。そして、交換は、いろいろな派生的な効果を生み、いろいろな形で展開していくのです。是澤博昭さんが指摘されているように、シドニー・ギューリックと渋沢栄一の努力で実現した人形交流は、様々な誤解と齟齬、そして意図されなかった顛末（日本の帝国主義的政策における人形交流の流用など）を生み出しました（是澤・二〇一〇）。

以下では、こうした贈与交換の観点から、一九七〇年代以後の日米人形交流の展開について考えてみたいと思います。

3――一九七〇年代以降の人形交流の展開

戦後、日米人形交流は長く忘れられていたようです。一九七〇年代初頭、「青い目の人形」が次々に「再発見」され、日本中で人形交流への関心が高まりました。この過程については、武田英子さんの本に詳しく書かれていますので、ここでは武田さんの記述に従って振りかえってみましょう（武田・一九八一、一九九八）。きっかけの一つとなったのは、群馬県の小学校でみつかった「青い目の人形」、メリーに焦点を当てたＮＨＫのドキュメンタリー『人形使節メリー』（ＮＨＫ教養部制作「スポットライト」一九七三年三月一五日放送）でした。番組によると、戦争中、学校にあった「青い目の人形」の処分をめぐって教員たちの間で意見が分かれ、当時教頭であった金子武男さんに「一任」されることになり、金子さんが、かつて御真影を置いていた校長室の戸棚にこっそりと隠したというのです。番組では、金子さん、そして一九二七年の人形交換に関与した文部省の関谷龍吉さん、吉徳の一〇世山田徳兵衛さんも登場します。この番組では、人形交流は日米関係の問題というよりも、戦争の悲劇を物語る一章という形で紹介されています。私自身東京のＮＨＫ放送博物館でこのドキュメンタリーをみる機会がありました。何よりも、金子さんの動機を分析する教え子で童話作家の宮川ひろさんの言葉が印象的です。番組の中で、宮川さんは、金子さんが人形を隠したのは、次々に戦死していく教え子たちの姿を人形に重ね、できることなら彼らも隠してしまいたかったからではなかったか、と興味深い分析をされています。

この番組の反響は大きく、その後多くの「青い目の人形」が各地で「発見」されました（永井・一九七三）。その後の人形交流で指導的な役割を担うことになる武田英子さんもこの番組をみたのがきっかけで人形交流に関心を深め、金子さんについての絵本を書いた、ということです（武田・一九七九）。その後、人形交流の歴史を紹介する本も多数出版され、日米人形交流の物語は、学校での英語や平和教育の教材となりました（武田・一九九八：一七六〜一八二）。多くは、「青い目の人形」の再発見に隠された、残虐な戦争とそれに抵抗した市民の物語です。

また、日米で様々な人が動き、答礼人形の里帰りや青い目の人形の里帰りが企画されました。一九七四年には、ボルチモアにあった「ミス広島」が広島へ里帰り。これは、ボルチモアのメリー・トク・スギヤマさんの尽力で実現したもので、その後の人形交流の再興に深く関わることになる人形店、吉徳の一〇世山田徳兵衛が修復に関わりました（武田・一九九八：一八六〜一八八）。

一九七八年には、青い目の人形五〇周年記念展示会が催されました。これは、園田元外務大臣の妻の園田天光光さんを含む女性中心の実行委員会が企画したものです。展示会来場者の多くも「青い目の人形」と小さいときに接触のあった女性たちだったといいます（武田・一九八一：一九四）。武田さんによれば、この展示会の時に開かれた座談会で子どもたちから、世界の子どもたちとの人形交換、青い目の人形の里帰りなどの案が出されたそうです（武田・一九八一：一九五〜一九六）。実際、一九七九年には、世界平和の人形使節展示実行委員会（委員長・園田天光光）が組織されました。その返礼として、それぞれの国から人形が贈られました（武田・一九八一：二〇一〜二〇三）。現在、これらの人形は園田元外務大臣の故郷である天草市の天草市立天草コレジヨ館「世界平和大使人形の館」に所蔵・展示されています。青い目の人形のアメリカへの「里帰り」も一九七九年に実現しています。偶然ですが、この時の里帰り先は、本書のもととなる今回の企画で行事が開催されたニューヨーク州ロチェスターでした（武田・一九八一：一九八〜二〇一）。

アメリカでも人形交流も始まりました。一九八六年、「横浜人形の家」〈http://www.doll-museum.jp〉の開館を記念する式典では、シドニー・ギューリックの息子であるギューリック二世（サンディエゴ州立大学文理学部長などを歴任）に代わって来日した孫のギューリック三世（デニー・ギューリック）が講演しました。これがきっかけとなって、それまで人形交流についてよく知らなかったギューリック三世と妻のフランシスさんは、「新友情人形」プロジェクトを開始。一九八七年以後、毎年のように、ギューリック三世夫妻は来日し、新友情人形を全国の小学校などに寄贈してきました（武田・一九九八：一九四～一九七、二〇〇〇～二〇六）。一九九〇年から武庫川女子大学アメリカ分校の日本文化センターとして赴任した高岡美知子さんも、独自に日米の人形交流を開始されました（武田・一九九八：二七一～二七六）。

一九八八年には、一九体の答礼人形が「里帰り」（国際文化協会企画、朝日新聞・そごう美術館主催）。この時も吉徳が中心となって、修復作業が進められました（武田・一九九八：二〇六～二一二）。一九九〇年代に入ると、いろいろな地域の市民団体が組織した里帰りが盛んになります。とりわけ、一九九三年にミス高知里帰り推進会議が組織した「ミス高知」の里帰りは、その後の市民団体による里帰りのモデルとなりました。この過程で、四国新聞記者であった今岡重夫さんと坂出高校の日本史の教員で平和教育に取り組んでいた石井雍大さんが中心となった香川県親善人形の会など、各地で様々な民間交流団体が設立され、いろいろな活動が始まりました。

こうして、モノである人形を通して、人と人の新しい交流が始まったのです。以来、一九二七年の人形交流の意味が繰り返し問われ、そして戦後の日本において人形交流についてどのような物語を語っていけばいいのか、という問いが問われてきました。私は、現在、長崎で長崎親善人形の会の事例を中心に、調査研究を進めています。

4――長崎親善人形の会の活動

長崎親善人形の会・会長である山下昭子さんは、長崎新聞文化部記者として長年活躍され、平和・反核に関する記事をたくさん書いてこられました（山下・一九九六、などを参照）。二〇〇〇年夏、「平和企画」の一つとして、山下さんが書かれた連載記事「瓊子物語」をきっかけとして、長崎を代表する答礼人形「長崎瓊子（たま）」が、ニューヨーク州ロチェスターのロチェスター科学博物館が所蔵する、それまで「ミス青森」とされていた答礼人形であることが確認されました。この確認作業には、前述の高岡美知子さんが関わっています。山下さんは長崎の教育界・宗教界・実業界・芸術界を代表する人びとと連携して、ミス長崎里帰り展実行委員会（実行委員長に長崎純心大学の片岡千鶴子学長、事務局長に長崎ＹＭＣＡ総主事として活躍された松本汎人さん）を組織。里帰り、そして里帰り展を実現させました。長崎での募金活動では、当初の予想を超えた二〇〇〇万円あまりが集まり、また地元の百貨店で開かれた里帰り展には多くの人が訪れました。

里帰り展の後、二〇〇三年六月には長崎親善人形の会が組織され、山下昭子さんが会長に就任。人形交流を通じた親善・平和活動が展開されてきました。長崎の反核・平和運動の歴史に根ざしながら、その活動は広く、カンボジアでの学校建設、さらには、子どもたちによる平和壁画共同作成の世界的運動となっている「キッズ・ゲルニカ」との連携を通じて、アメリカその他世界各地の子どもたちともつながり、他の親善人形交流の活動とは一線を画した幅広い活動を続けてこられました。

こうした広がりの背景には、山下さん自身の実行力と人格的な魅力があります。山下さんのもとには様々な人が集まっています。里帰り展では、長崎純心大学の片岡千鶴子学長が精神的なリーダーとしての役割を果たし、また、松本汎人さんが実務的な支柱となりました。里帰り展から、その後の親善人形の会の活動では、山下さんがかつて記者として勤務した長崎新聞が様々なサポートを提供し、地元のライオンズクラブも、人形の会の中心メンバーのお一人の尽力で、様々なサポートを提供してきました。こうした長崎の宗教界・教育界・実業界を横断するネットワークを通じて、地元の人的・経済的資源を動員することができたのです。

そして、実際の活動は、里帰り展の際に子どもたちとの活動として企画された子ども向けの絵画ワークショップにボランティアとして参加した地元の画家の皆さんが担ってきました。彼らは、いずれも地元で絵の先生などをしたり、様々な芸術活動をしている人たちです。山下さんが文化部記者の時代に取材を通じて知り合った人たちも含まれています。山下さんご自身画家として活躍されています。

里帰り展後、長崎瓊子はロチェスターへ戻りますが、その際に妹人形の鶴子が添えられました。鶴子は長崎出身の人形作家、武文子さんがつくったものです。さらには、子ども絵画ワークショップの作品五五点もロチェスター科学博物館へ送られました。その後もロチェスターとの交流が続き、ロチェスターでは、在住の日本人や日系人を中心とした組織もつくられました。二〇〇五年三月には、ロチェスター科学博物館で瓊子・鶴子展が開かれ、四月には長崎の伊藤一長市長がロチェスターを訪問。五月には長崎親善人形の会のメンバーもロチェスターを訪問しています。

写真１　長崎瓊子（左）と鶴子

ロチェスター科学博物館における「日米人形交流90周年展示会」〔2017年10月、ケン・ベロ撮影〕（ロチェスター科学博物館提供）

長崎親善人形の会の活動で特筆すべきことは、その活動の広さです。里帰り展後、里帰りの資金として集めた募金の余剰金を使って、カンボジアに小学校を建設するという計画が持ち上がります。これは、片岡長崎純心大学長が、余剰金を長崎ではなく、途上国での活動に使ってはどうかと勧めたことに由来しているようです。このプロジェクトでは、人形の会は、ライオンズクラブと連携して、必要資金を調達。現地の学校や政府機関と交渉しながら、学校を建設。二〇〇四年六月には「タマコスクール」が完成し、正式に引き渡す行事が行なわれています。その後、二〇〇五年には学校のための図書館も建設。人形の会のメンバーは、その都度カンボジアへ渡航し、カンボジアの子どもたちとの交流を深めました。後には、長崎市内で参加者を募り、地元の大学生らもカンボジアへ同行するようになりました。

二〇〇五年には、ピカソの壁画ゲルニカに啓発されたコラボ型芸術運動であるキッズゲルニカに参加。二〇〇八年以降、長崎で展示会を開催。とりわけ、二〇〇九年には、「被曝六五周年 キッズゲルニカ in ながさき」を企画、二〇一〇年一月~三月にキッズゲルニカ展を開催しました。二〇一二年一〇月には、人形の会のメンバーがロチェスターを再び訪問しますが、この際には、ロチェスターの第三六小学校でキッズゲルニカワークショップをしています。その後も福島県南相馬市の高校生とのキッズゲルニカの共同制作を企画したり、フロリダの小学生と長崎の小学生との共同制作の作品を企画したりしました。また、二〇一五年の「被曝七〇周年平和の祈りキッズゲルニカ in ながさき」では、長さ七〇メートルのゲルニカを作成しました。このように人形の会の活動は、長崎瓊子の里帰りからロチェスターとの交流、カンボジアとの交流、そしてキッズゲルニカを通じた世界各地の子どもたちとの共同作業へと広がっていったのです。

5――贈与交換としての人形交流

二〇一〇年一月に長崎県美術館で開催された「キッズゲルニカ in ながさき」展、国際子ども平和壁画展を前に、片岡千鶴子長崎純心大学長の次のような言葉が、新聞に掲載されました。

「神様に『平和をください』と祈るだけではなく、平和は自分たちで努力してつくっていかないといけません。

人類の共同作業です。子どもたちの絵はまさに共同作業。子どもたちの絵のように新しい平和をつくっていこうと思います」（『西日本新聞』二〇〇九年一二月一九日）。

二〇〇〇年の長崎瓊子の再発見、二〇〇三年の里帰り、そしてカンボジアとの交流、さらにはキッズゲルニカを通じた長崎、ロチェスター、その他の地域の子どもたちとの共同制作壁画へと展開した長崎親善人形の会の活動は、一九二七年の人形交流とどのような関係にあるのでしょうか。

長崎親善人形の会の会員自体、この問いを問い続けてきました。中心的な活動をしてきた会員の多くが画家であることを考えれば、キッズゲルニカへの展開はさほど驚くべきことではないかもしれません。また、長崎の被爆体験を背景とした平和への強い思いが彼らの活動を突き動かしてきたことを考えれば、平和を願うキッズゲルニカとの親和性も驚くべきことではありません。長崎親善人形の会がキッズゲルニカの制作に関わる際には、必ず人形交流について、紙芝居を使うなどしてレクチャーを行ないます。実際、人形の会が関わったキッズゲルニカには、必ずといっていいほど、長崎瓊子や青い目の人形などが描かれています。

しかし、人形交流とキッズゲルニカにはより深い関係があるように思います。それは、片岡学長が指摘された、共同作業という点にあるように思います。贈り物、贈与交換は、根底的に共同作業です。私たちは、この点をしばしば忘れがちです。というのも、贈り物というときに、贈り手と受け手の二者間の贈答行為を想像しがちだからです。しかし、そ

写真２　長崎爆心地におけるキッズゲルニカの野外展示会

（2017年8月、筆者撮影）

もそも贈り物はモノです。それはどのように生産され、流通し、入手されるのでしょう。多くの場合、贈り手本人が贈り物をつくるわけではありません。贈り物を入手する過程も、いろいろな人間関係・経済関係が絡みあって複雑であることは、贈与社会に住む人びとはよく知っています。そうした観点からみると、贈り物、贈与交換は、社会的・文化的・集団的なものであり、広い意味で共同作業なのです。

キッズゲルニカの制作作業では、大人が画材を準備し、レクチャーをしたり、平和のイメージを子どもたちと一緒に考えたりして、全体の概念、そして作業の枠組みをつくります。しかし、最終的には子どもたちの共同作業です。どのような仕上がりになるのか、大人は子どもたちに任せなければなりません。共同作業には、自分が始めた仕事を他人が終わらせるという過程が必ず入ります。

人形交流も共同作業でした。これは、人形交流における人形業界の役割を考えればすぐに理解できるでしょう。人形制作の過程自体、分業制と呼ばれる、共同作業です。一九二七年の人形交流が、人形業界にとっても大きな歴史的出来事であったことは、冒頭で述べましたが、その後人形交流にも、人形業界、とりわけ吉徳が深く関わってきました。一〇世山田徳兵衛、一一世山田徳兵衛が里帰りごとに修理・修復に携わり、現在も、吉徳が窓口になって修理・修復が行なわれているほか、吉徳顧問の青木勝さんが、アメリカ各地を周り答礼人形について講演したり、修理や着付け直しをされています（青木・二〇一六、参照）。

同様に、第3章にあるように、小檜山ルイさんは、女性史の立場から、人形交流に関わった女性たちに焦点をあてました。人形交流は、ギューリックのアイデアであり、彼の政治的想像力なくしては不可能であったでしょう。しかし、その背景には、一二〇〇〇体もの人形を準備したキリスト教会組織、とりわけ教会婦人会のネットワークと女性たちの労働がありました。子どもたちもいろいろなアイデアを提供したことでしょう。小檜山さんの分析によれば、ギューリックと渋沢の人形交流は、アメリカのキリスト教会組織における女性の領域の活動を、公的な政治（移民政策・日米関係）という男性の領域に持ち出しました。その一方で、人形交流の準備の過程で果たした女性の役割と彼女たちの労働はかき消されてしまったのです（Kohiyama 2005. 本書第3章）。

小檜山さんの議論は非常に興味深いものです。たしかに、人形交流をめぐる語りは、ギューリックと渋沢の努力に還元されがちです。是澤さんが指摘されるように、日米人形交流は、市民レベルの国際交流の先駆けでした。しかし、交流は共同作業です。共同作業には、前に出る人と、後ろで支える人、そして使われる人がいるでしょう。もちろん、後ろで支える人にまったく主体性がなく、いつも完全に忘れ去られているかというと、そうでもないかもしれません。人形交流でも、青い目の人形にふれた子どもたちが思い浮かべたのは、ギューリックや渋沢ではなく、人形を贈った異国の子どもたちであったかもしれません。また、人形業界の場合は、人形交流においてかなり主体的な役割を担っています。

いずれにせよ、交流が共同作業であったことを確認しておくことは、とても重要です。そして、こうした共同作業が具体的にどのような形の共同作業であったのか、ていねいに包括的に描き上げることが、重要なのではないでしょうか。

武田さんや高岡さんのご著作に明らかなように、「人形交流は人間交流」であるという意識は、人形交流を継続されてきた人たちの中で広く共有され、この表現もよく使われています。高岡さんは、次のようにいわれています。

　戦争をはさみ日米という二つの国の数百万の人々が、パイの皮をたたむように、何度も何度も四方八方から折り重ねてきたような、その思いの重さをずしんと私は感じたのだ……一見目に見えぬようでいて、太平洋の海底に〝おき火〟のような、おびただしい人がかかわった巨大な友情のマグマのようなものが横たわり、ふしぎな力で今なお人々の心を動かし、つないでいるのではないか（高岡・二〇〇四：三〇）。

別のいい方をすれば、人形交流は人形を介してつながっている人たちの共同作業の歴史なのです。そこには様々な動機と興味関心が絡まり合っています。前に出ている人、後ろで支えている人、忘れられた人もいるでしょう。人形、子ども、大人がどのように関わってきたか、それが共同作業としての人形交流研究の焦点です。

武田英子さんも、次のようにいわれています。

子どもと人形がむすぶ平和のかけ橋――それは美しいことであるし、もとより立役者は人形であり子どもであるが、すべて舞台づくりはおとなである。今後もこうしたイヴェントがおこなわれるだろうが、その演出者、進行役の理念や方向性こそ、きびしく問われなければなるまい。子どもも人形も黒子しだい、遣い手によって左右されるのである（武田・一九八一：二〇三）。

「黒子」という概念は、それ自体複雑なもので、この喩えが正しいのかどうか、私にはわかりません。人形交流の「黒子」には、いろいろな人や組織が入ってくるでしょう。それを「おとな」と一括りにはできない側面もあります。前述したように、里帰りなど一九七〇年以降の交流では、人形業界、とりわけ吉徳が深く関わってきました。また、長崎の事例でも明らかなように、各地で新聞社、教育者、地元の有力者が深く関与してきました。しかし、武田さんのこの表現は、共同作業としての人形交流において、人形、子ども、大人の関係が単純でないことを示しているように思います。

長崎親善人形の会の活動の歴史をみると、人形交流、そしてその根底にある平和への想いをどのように次の段階・世代につなげていくかという問題意識が強くみられます。長崎親善人形の会は、人形にこだわりながら、人形以外のモノ、とりわけ絵画を媒体とした交流へと活動を広げてきました。キッズゲルニカという活動へ収斂してきた彼らの活動は、共同作業という人形交流の原点に帰りながら、それを新しい方向へと進めてきたといえるでしょう。実際、長崎親善人形の会の活動は、爆心地公園に毎年展示されるキッズゲルニカに例示されるように、長崎の反核・平和運動に新しい息吹を吹き込んできました。

贈与社会の住人がよく知っているように、贈り物の交換は、一回で終わるものではありません。それで終わってしまえば、関係もそれまでです。交換の力は、継続の力です。いろいろな形で交換・交流を続けていくことにこそ意味があるのです。だからこそ、どうやって共同作業を続けていくか、そこが交換・交流という営みの中心課題なのです。人形交流を継承するということは、その共同作業を継承することに他ならないのです。長崎親善人形の会の活動は、そのことを力強く物語っていると思います。

6――終わりに＝子どもの視点

是澤さんは、「人形交流の原点が『人と人とがお互いに理解し合うことの必要性』であったこと」（本書第2章）を忘れてはならないと指摘されています。この章で、私は、人形交流の根底には、贈与交換があると議論してきました。贈与交換の観点からみると、「人と人とがお互いに理解し合うこと」と「交流すること」は等価ではないかもしれません。いくら近い関係にある人の間でも、相互理解は容易なことではありません。また、理解し合うことが平和や友好につながるという確証もありません。理解し合えなくとも、誤解しつつも、交流することには、それなりに意義があることのように思います。というのも、交流は共同作業であり、それを継続していくことによって、相互理解とはまた別のものが共有されるように思えるからです。

そもそも私がこの交流に関心を持ったきっかけは、当時九歳だった長男のザビエルが読んだある本でした。それは、シャーリー・パレントー（Shirley Parenteau）という児童文学作家が二〇一四年に出版した*Ship of Dolls*（邦題『青い目の人形物語Ⅰ――平和への願い　アメリカ編』）で、最近日本語にも翻訳されています（パレントー・二〇一五）。この本は「青い目の人形」を日本に贈ったアメリカの女の子のお話です。二〇一六年夏以来、ザビエルは、長崎親善人形の会の皆さんと交流を続け、私と共に一連の行事の企画に、小学生の立場からいろいろな意見を出してくれています。

ここでザビエル本人に登場してもらい、彼の立場から人形交流の意義について語ってもらいたいと思います。これは、ある意味で、この章を、一人の研究者の一人語りから、一人の子どもとの共同作業へと転換とする試みです。

*

「戦争は二度としてはいけないということをみんなで共有したい」

宮崎ザビエルです。僕は、ニューヨーク州のイサカ市で生まれました。イサカには、コーネル大学があり、いろいろな国の人が住んでいます。二〇一五年夏、イサカからロチェスターの郊外の学校へ転校することになりました。ロチェスターは、アジアのことや日本とアメリカの戦争のことをあまり知らない人が多いところです。そこで僕は話し相手もあまりいない学校生活を送っていました。とても寂しい思いをしていました。その寂しさから人形と話をするようになりました。こうして人形が好きになりました。

九歳の誕生日にカリフォルニアの伯母からシャーリー・パレントーの*Ship of Dolls*をもらいました。しばらく読まないでいましたが、暇になったので、読んでみることにしました。とてもおもしろくて、平和な日米関係をつくろうとした人たちの話に感動しました。でも、これが本当の話だとは思いませんでした。というのは、みんなが協力してこのようなことができるとは信じられなかったからです。本当の話だと知って、人形交流のことをもっと知りたくなりました。そこでお父さんに頼んで調べてもらいました。

たまたまロチェスター科学博物館に答礼人形の一つ「長崎瓊子」があることを知って、見に行きたくなりました。でも、ふだんは暗い倉庫に入っていることを知りました。毎週土曜日に通っていた日本語補習校では、毎年雛祭りの行事をしていますが、その年は、雛祭りの行事として、博物館に行くことにしました。そして、補習校の学生・父母・先生のために、長崎瓊子を倉庫から出してもらうことにしました。出してもらったとき、長崎瓊子の眼が僕を追いかけているようで、少し怖かったです。

この時、人形について、もっといろいろなことをしたいと思いました。アメリカの人たちに、人形交流のこと、平和の大切さをもっと知ってもらいたいと思いました。そこで、ニューヨーク日本総領事館に手紙を書いて、お父さんに持っていってもらいました。この手紙で、人形をニューヨーク州のいろいろなところで展示したいと伝えました。でも、返事はありませんでした。

お父さんは長崎の人たちと連絡を取って、二〇一六年夏に長崎を訪問しました。その夏、僕も長崎に行って、山下さんたちと会いました。山下さんには、長崎原爆資料館と平和公園を案内してもらいました。原爆資料館では、原爆の怖さや平和の大切さについて知りました。それまで知らないことばかりで、ショックでした。アメリカでは、雲の上で起こった話ばかりしていて、雲の下で起こったことについて何も知られていません。アメリカの人にも長崎の人たちの経験を知ってもらいたいと思いました。

アメリカに帰って、少しリサーチをして、学校の友達とも話しました。友達に原爆の怖さを伝えようとしました。でも、友達は原爆についてまったく違う視点を持っていました。アメリカの人たちの多くは原爆の悪さを認めてくれません。戦争のことや原爆のことをかっこいいと思っている人もいます。いろいろな疑問を持ちました。戦争で、命令に従っただけの人たちに責任はないのでしょうか。なぜアメリカは交渉しようとしなかったのでしょうか。次に戦争があった時、また同じことが起こるのでしょうか。もう少し大きなメッセージを送らないといけないと思いました。

長崎では、被爆校、山里小学校の学童クラブの一つ山里クラブも訪れました。山里クラブの子どもたちと友達になりました。今年（二〇一七年）五月には、東京の小学校のお友達の棚橋彩心さんと一緒に長崎に行き、山里クラブのお友達にインタビューをして、人形交流について一緒に考えました。山里クラブのお友達は、平和の大切さについて、話をしてくれました。後で、山里クラブのお友達からたくさんの手紙をもらいました。一つの手紙には、日本とアメリカが仲良くすることが世界の平和のために大切だ、と書いてありました。

七月八日には、長崎のもう一つの被曝校、城山小学校の学童クラブとキッズゲルニカを一緒につくりました。ロチェスターの小学校の生徒との共同作品です。ロチェスターの二つの小学校の生徒がいくつかの作品を描き、それを大きなキャンバスに貼って、その周りに平和の願い事を表現しました。協力して表現するのは難しいですが、楽しいこともたくさんありました。一日中頑張って作品をつくりました。城山小学校には、シドニー・ギューリック三世が贈った「新友情人形」のタラちゃんがいます。タラちゃんは、シドニー・ギューリック三世の奥さんが手作りした服を着ています。タラちゃんは、キッズゲルニカを描いた部屋で、僕たちを見守ってくれていました。タラちゃんは、人形交流を続けているのです。

これからもキッズゲルニカや人形交流を続けて、いろいろな子どもたちに原爆の恐さや平和の大切さを伝えたいと思います。もっとたくさんの子どもたちに興味を持ってもらいたいと思います。そして戦争は二度としてはいけないということをみんなで共有したい、と思います。そして、彼らはもっとたくさんの人たちにそのことを伝え続けると思います。

●参考文献

青木勝「答礼人形を訪ねる――ロチェスターの旅、コネチカットの講演会」『にんぎょう日本』五〇六、日本人形協会、二〇一六年、四一頁。

伊藤幹治『贈答の日本文化』筑摩書房、二〇一一年。

小林すみ江『人形歳時記――雛屋・下町・人形ばなし』婦女界出版社、一九九六年。

是澤博昭『青い目の人形と近代日本――渋沢栄一とL．ギューリックの夢の行方』世織書房、二〇一〇年。

渋沢青淵記念財団竜門社編『渋沢栄一伝記資料』第三六巻、渋沢栄一伝記資料刊行会、一九六一年。

高岡美知子『人形大使――もうひとつの日米現代史』日経ＢＰ社、二〇〇四年。

武田英子『青い目の人形メリーちゃん』小学館、一九七九年。

武田英子『青い目をしたお人形は』太平出版社、一九八一年。

武田英子『友情の人形は　海をこえて』ドメス出版、一九九七年。

武田英子『人形たちの懸け橋――日米親善人形たちの二十世紀』小学館、一九九八年。

永井萌二「青い目の人形を火あぶりから救った〝ある反戦〟」『週刊朝日』一九七三年五月四日号。

パレントー、シャーリー『青い目の人形物語Ⅰ――平和への願い　アメリカ編』（河野万里子訳）岩崎書店、二〇一五年。

モース、マルセル（一八七二―一九五〇）『贈与論』（森山工訳）岩波文庫、二〇一四年。

山下昭子『夏雲の丘――病窓の被爆医師』長崎新聞社、一九九六年。

＊

Gordon, Bill. 〈http://www.bill-gordon.net/dolls/index.htm〉.

Kohiyama, Rui. 2005. “To Clear Up a Cloud Hanging on the Pacific Ocean : The 1927 Japan-U.S. Doll Exchange.” Japanese Journal of American Studies 16 : 55-80.

5* シンポジウム〈日米人形交流の再検討〉

人形・交換・子ども

■主催・渋沢研究会＋大妻女子大学博物館
■特別協力・公益財団法人渋沢栄一記念財団
■開催日時・2017年7月22日、午後1時〜4時30分
■会場・大妻女子大学Ｅ棟 055

●司会
井上潤（渋沢史料館館長）

●報告者
是澤博昭（大妻女子大学博物館准教授）
宮崎広和（コーネル大学人類学科教授）
宮崎ザビエル（学生）

●コメント
塚本隆史（みずほフィナンシャルグループ名誉顧問）
飯島真里子（上智大学准教授、アメリカ・カナダ研究所所長）
山下昭子（長崎親善人形の会（瓊子の会）会長、元長崎新聞文化部記者）

井上潤　それではディスカッションに入って参りたいと思います。前半でお二方（是澤・宮崎）のご報告をいただきましたけれど、そのご報告に対して、三人の方からコメントを頂戴したいと思います。

まず最初は、渋沢栄一の事績の中では本流の経済界・金融界のお立場からということで、みずほフィナンシャルグループの名誉顧問をされておられます塚本隆史様にコメントいただきたいと思います。宜しくお願いいします。

心のふれ合いを伴う交流が今ほど求められている時代はない

塚本隆史　ご紹介いただきました塚本と申します。今、宮崎ザビエルさんの素晴らしいお話を伺った直後の皆さんを前にして、これ以上のコメントは出てこないというのが私の率直な感想ではありますけれども、発表の全般について一言述べさせていただきます。

まず、なぜ私が壇上にいるのか、についてからお話させていただきます。私はみずほ銀行の出身でございますが、みずほ銀行の源流は渋沢栄一が日本最初の銀行として明治六年に創った第一国立銀行です。こういう関係もございまして創立者である渋沢栄一の人物像には以前からふれる機会が多かったのですが、最近渋沢研究会にも、余り熱心ではありませんけれども、時々参加し学ばせていただいております関係で、本日の登壇要請をいただき、それを大胆にもお受けしたということでございます。

さて今日の是澤先生、それから宮崎先生のお二人のお話をお伺いしまして、人形交流ということに関しての二つのアプローチというものを学ぶことができました。一つは、是澤先生がおっしゃられたように、これは親善使節として、また平和を希求する子どもたちの活動として、未来を子どもたちに託す活動という側面。それから二つ目が、宮崎先生がおっしゃられましたように「交換」、これは文化人類学的な意味での交換ということを、今大変新しいことも含めて学ばせていただきましたけれども、交換、あるいは共同作業としての人形交流という側面、この二つの側面からのアプローチを伺わせていただきました。それぞれについて若干コメントを致したいと思います。

是澤先生の、人形交流は親善使節であるという捉え方に対しましては、いろいろエピソードもありますし、親善人形、即ちフレンドシップドールともいわれるくらいですから、なんとなくイメージも湧きやすいわけです。一方、この背景として忘れてならないのは、渋沢栄一が小村寿太郎はじめ当時の政府から、日米関係のさらなる悪化を回避するために、国民外交を進めてくれと託されたということです。特にカリフォルニア州では移民への排日運動が高まり、「日本人が土地を所有するのはまかりならん」という法律ができたわけですけれども、そういった風潮をさらに悪化させないために、渋沢栄一はいろいろと努力をしたわけです。

ただ、八方手を尽くしたのにもかかわらずその努力が上手くいかず、どのように事態を打開するべきかという困難な壁に直面していた。そのタイミングで出てきたのが、ギューリックの人形交換の話であったというように捉えております。

一九一三年に渋沢はアメリカで排日土地法案の成立を阻止する目的で、日米同志会を結成いたしまして、自分が団長になって渡米しております。それから、一九一五年にサンフランシスコにおいてパナマ運河開通記念の万博があった時にも、実業団を代表して、アメリカに渡って、排日機運を鎮める努力をしたわけでございます。些か脇道に逸れますが、この時に渋沢は、非常に興味深いことをいっております。

当時のカリフォルニア州では低賃金の日本の労働者が働きすぎて、アメリカの労働者の不満が高まっていたわけですが、渋沢はその時、眼を東にも向けまして、アメリカ東部においても今後反日の機運が起きてくるかもしれない。即ち中国における日米の経済権益の対立が今後顕在化してくる可能性があるので、それを先回りして回避するために、日米共同して中国で何か事業はできないか、とこういうことを願って帰ってきたといわれており、渋沢の洞察のスコープの広さ、深さには感嘆せざるをえません。

さて、それから一九二〇年には日米関係委員会をつくって、アメリカの代表アレキサンダーたちと、いろいろやり取りしたわけですけれども、結局一九二四年に排日移民法がアメリカの議会で可決されてしまいました。先ほど宮崎先生が、「絶望の結果生まれたプロジェクトである」ということをおっしゃられましたけれども、まさに、日本人に対する偏見ですとか、あるいは理解不足というような反主知主義的な要因を含む、大衆運動の色彩が濃い問題であったと思われます。このあたりのことは今日会場におみえの片桐先生の著書に述べられていますけれども、以上のような流れで、渋沢が市民レベルの相互理解こそが問題解決の鍵を握るのだという思いを抱き始めていたところに、ギューリックさんの提案があったということなのだろうと思います。

それから、市民レベルの交流ということで申しますと、先生方のお話にございましたように、アメリカサイドではプロテスタント教会の婦人会などの市民レベルが活動することによって、一万二七〇〇体余りの青い眼の人形が集められ日本に贈られたということですので、これを市民運動とみることができるでしょう。これに対して、日本では国家、すなわち文部省、外務省等が国の威信をかけて推進した官製の運動という色彩の強いものだったといわれています。実際の担い手は渋沢栄一だったわけですけれども、日本は国家のプライド、国の威信をかけて、とにかく立派なものを贈り返し、アメリカを見返してやろうという国としての気負いがあったのではないかと思います。ただ、当時の日本にはアメリカのように市民レベルの運動という根っこがなく、人形交流が政治的背景に基づく運動であったために、先ほどお話に出ましたように、たとえば大連では最初熱狂的にウェルカムだったものが、途中から反米運動に変わった。あるいは朝鮮では、

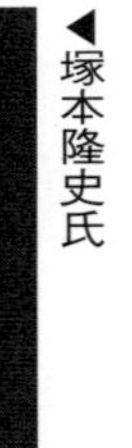
◀塚本隆史氏

日本がアメリカと対等の一等国であるということを、朝鮮人民に対して誇示するための手段として使われてしまったわけです。

一方で、これは申し上げても詮ないことかもしれませんけれども、アメリカから日本に贈られてきた青い眼の人形、一万二七三九体のうち、今残っていると確認されているのは三三〇体くらいなのですね。逆に日本からアメリカに贈られた答礼人形五八体の方は、四七体が確認されているということですので、やはり日本側での、人形を贈るという運動は、まだ市民というものの存在、あるいは市民運動というものが未成熟であったがゆえに、時の政治、あるいは国家間の政治的関係からの影響を受けやすい、もろい部分があったのではないかと推測しているわけでございます。

二つ付け加えますと、戦後になってからの日本への人形の里帰りという局面においては、市民運動というものが日本においても定着してきた時期と重なり、その果たした役割は非常に大きかったと申せましょう。それから特筆すべきは、先ほどのお話にもございましたように長崎親善人形の会（瓊子の会）、本日は山下さんがおいでていらっしゃいますけれども、この会の活動により二〇〇〇万円の募金が集まった。そしてその余剰金をカンボジアの学校の建築に使おうという案が出され実行されたということですが、これはまったく新しい次元での展開ではないかと思っております。人形交流が特定の国を意識し一定の意図を持った相対の親善関係であるのに対し、このカンボジアの話はそこから離れて、純粋に、無償の博愛と申しますか、親善の精神そのものが、独り立ちして飛び立ったような、そういう活動に発展していったということであり、大変素晴らしいことであります。そしてこのような発展の芽が戦前における人形交流活動の中に埋め込まれていたのだと思うと、改めて感慨深いものがございます。

二つには人形交換が共同作業であるという宮崎先生のアプローチですが、これは、まさにキッズゲルニカ展のお話にございました通り、子どもたちの平和を願う絵がまさに共同作業であり、人形交流も共同作業であるということでしたが、やはり交流というのは、モノをいただいたらタイミングをみて返す。それによって、また相手が何かを感じて返すということで、継続性があるわけです。ですからこれは単なる物の交換のように一回で終わるものではない。それは相手との関係性のもとで時間軸を持っており、将来にわたって発展しうるものです。したがって宮崎先生の、「人形交流には、モノの交換というアプローチ、すなわち一緒に交流あるいは共同作業をすること自体に意味がある」というお話を、大変新鮮にまた意義深く聞かせていただきました。

それから、ザビエル君のスピーチを伺って、これは時代をまたぐまさに世代間の共同作業といえるのではないかと感じました。ザビエル君の話を通じ、もともとは当時の人びとの相互理解のための活動であった人形交流が、時空を超えて、その精神が現代の自立した若い世代に受け継がれ、将来に向かって平和を希求する素晴らしい魂の中に息づいているという事実にふれることができ、大いに感銘を受けております。

長くなりましたが、この人形交流の現代に対するインプリケーションという点について少しお話ししたいと思います。やや唐突感があるかもしれませんが、現在頻りにポピュリズムの台頭ということがいわれています。ポピュリズムとは、大衆の心の持つ大きなエネルギーをどのように引き出し、あるいは制御していくかという問題といえるかと思います。

先ほど、渋沢がギューリックにだけ伝えた本心というお話がありました。すなわち渋沢は、声高に反米を叫んでいる人たちが恐ろしいのではなく、むしろ黙っている人、有識者あるいは若者の鬱屈した心が、悪いアジテーターによって変な方向に利用されていくことを危惧したわけです。そのアジテーターというのは、いまふうにはポピュリストと呼べるかと思いますが、近時、アメリカの大統領選もそうでしたし、ヨーロッパでも各国で同様の動きがあるわけですが、アジテーター、ポピュリストという人たちが台頭し、外国に対する反目を意図的に煽り自国優先を訴える風潮が起きています。私は、このようなムードに引きずられないためには、市民レベルがしっかりと草の根的に外国との交流を行ない、相互理解のための努力を続けることが不可欠ではないかと思います。

もう一点加えさせていただきますと、ポピュリズムと似たような話かもしれませんが、自国経済優先主義、いわゆる、アメリカファースト、それからイギリスのブリグジット（Brexit）も同じでしょうが、これらをどう理解するか。英国を例に取れば、英国はＥＵという団体を離れた方が自分たちの主権を回復できる、あるいは経済的な活動をするにしても裁量の度合いが増す、としてブリグジットを決めたわけです。そしてブリグジットにおいては移民が大きな問題とされました。アメリカでは移民と輸入増加の両方が問題視されています。ただこれらの現象をみますと、原因とされる移民や輸入品ということに関して、主に経済的な脅威の要因としてしか捉えられておらず、その背後にあるそれぞれの国民の、人間としての営みですとか、輸出産品をつくっている、共同作業としてつくっている人たちの製品であるというようなことが、余り意識されていないのではないか。今日の話を伺ってそのような思いを強くしたわけでございます。

一国と他国あるいは同盟諸国との関係が難しくなる中で、人びとはややもすれば政治や経済・金融、あるいは移民などに関してのルーリングや枠組みの見直し、再編統廃合ということに眼を奪われがちであります。しかし、そこには人間同士の交流をお互いにどう深められるかという点についての思慮がもっとあってよいのではないかというふうに感じたわけです。

最後に一言だけ申し上げますと、人形交流を通じて、私が一番大切だと感じましたのが、信頼関係の構築ということです。グローバル化する世界では資本主義経済の価値観が浸透し、さらには市場原理主義が世界を覆い尽くしたとまでいわれていましたが、そのような環境下においても異なる人種・民族・宗教観等の対立は、ますます激化しているわけです。こういった中にあって、人間の交流、あるいは相互理解——しかもその理解というのは、相手の心の中をも思いやる、心のふれ合いを伴う交流が今ほど求められている時代はないのではないかと思うわけであります。

世界に目を向けますと、先ほどの英国のEU離脱、あるいはアメリカのパリ協定離脱などの動きは、G7とかG20のように大勢の国が集まって話し合い、物事を決めていく多国間交渉を行なう機関や枠組みを機能しづらくさせ軽視させ始めさせているのではないかとの懸念が生じてきます。しかし、宮崎先生がおっしゃられましたように、互いに完全には理解し合えなくても、あるいは誤解はあっても、一緒に場に出て交流をし、協同の議論を続ける、すなわち共同作業ですね、それを継続して行なうこと自体に価値があるのではないか、という捉え方を学ばせていただいたと感じております。どうもありがとうございました。

＊

井上　塚本様どうもありがとうございました。続きまして、本日のテーマ、いわゆる日米の民間交流の問題点からすると、まさにご専門の方でいらっしゃいます上智大学准教授、アメリカ・カナダ研究所所長の飯島真里子さんから、コメントを頂戴したいと思います。宜しくお願い致します。

重要なことは市民が中心となって活動していること

飯島真里子　皆さん、今日はこのような会にお招きいただきまして、本当にありがとうございます。実は、宮崎先生は私の大学時代の大先輩でして、そういう意味でも、私が今回このような場で共同作業をさせていただけるというのは非常に光栄です。

私自身はハワイやフィリピンなどの戦前の日本人移民の研究をしておりまして、そういうこともありまして、今回のコメンテーターとして選ばれたのかと思います。実際、日本人移民史の文脈から、この日米人形交流はどのように描かれているのかというと、ほとんど研究がされていないというのが現状です。つまり、北米に行った日本人移民史の中で、渋沢栄一やギューリックの話は、ほとんどふれられていないのです。実際には、講演者の先生方の話からもおわかりのように、一九二四年の移民法というのが一つの大きなきっかけになっているにもかかわらず、そういう研究の蓄積があまり日系人研究の視点からはなされていない、というのが実状です。

それなので、この話をいただいた時に、私は恥ずかしながら、ほとんど知識を持っていないという状況でした。それで、三名の方のご発表をうかがい、今回のシンポジウムで日米人形交流が「再検討」された点というのは、どういうところなのかということを私なりに簡単にまとめさせていただいて、そのあと、今後の課題について言及していきたいと思います。

まず是澤先生のご研究というのは、私も今回宮崎先生からお話をいただいてから論文を読ませていただいたのですけれども、非常にていねいに人形交流という歴史背景を探っていらして、それから非常に面白い点は、単に交流というのではなくて日米の間に認識のズレがあったというご指摘だと思います。つまり、アメリカではキリスト教団体、特にキリスト教婦人も関わって、宗教団体が日本に人形をあげるという活動が、日本ではアメリカという国からの贈り物としてやってきた。そして、今度は日本側が国をあげての返礼となるというようなところのズレというのが、単に交流の言葉だけではいい表わせられない、複雑な側面を持っているということが、非常に明確にわかりました。

それから、宮崎先生のご発表に関しては、戦後、特に一九七〇年代以降の時代に焦点を当てて、文化人類学的な視点から、この交流の継続と、それから贈与の形式というものをわかりやすくご説明いただいたと思います。基本的に日系移民史という分野は、歴史学とそれから、私は歴史学者なのですけれども、社会学の方が多くて、文化人類学者の方は非常に少ないので、贈与論を視点として入れてお話しくださったということは、本当に眼から鱗でした。

それから、最後に宮崎ザビエル君。私はとても重要な発表者だと思うのですけれども、彼が当事者として、そして現代の活動の中で、自分がどういうふうにその交流をみているのか、もしくは、実際関わっているのかということを、非常にわかりやすく説明してくれたと思います。そして、彼が持つ視点というのが、今後の活動の将来を決めていく、もしくは重要な方向性をみせてくれているのかなと思いました。

それで、一点目ですけれども、私からの再検討といった時に、先ほど申し上げましたように、日本人移民研究の分野では、ほとんどこの日米人形交流の議論がなされていない。そして、私が今後自分でもやっていきたいなと思う一つは、この人形交流が実際に、日本人移民の人たち、つまり北米やハワイに住んでいて、移民法の影響を直に受けた人たちにどんな影響を与えていたのか、あるいはまったく影響がなかったのかということを、考えていくべきなのかなと思いました。

というのは、このシンポジウムでも、要旨にある、「今日の国際社会でグローバル化が進む一方で、移民問題などで揺れています」というところで、国内に住む移民の人たちが、こういう国家間の交流を通じて、あるいは軋轢によって、どのように揺り動かされているのか、もしくは主体性を持って行動しているのかということにおいて、やはり、当時の日系人コミュニティーの視点をもう少し掘り下げた方がいいのではないかということを思いました。

◀左から、山下昭子氏、飯島真里子氏

それから、もう一つは、是澤先生のご研究で、日本の植民地に関して人形交流がどういうふうに影響を持ったのかということを、非常に面白く聞かせていただきました。というのは、いま私たちはこの日米人形交流を、日本対アメリカ合衆国という文脈、戦後の文脈でみていますけれども、戦前はやはり日本帝国という文脈で、アメリカも人形を贈って、そして、日本もその活動をしていたということなので、台湾、もしくは関東州、それから朝鮮に住む人びとのローカルな反応というものをしっかりとみていって、さらに多様なローカルな反応、そして、それがどういうふうに現代的な意味を持つのか、アメリカだけではなくて、今度は東アジアの方にも眼を向けていく必要があると思いました。それはおそらく、今回宮崎先生がお話くださった、「長崎親善人形の会（瓊子の会）」の活動でもカンボジアの支援であるとか、やはり、アジアに向けた日本の役割を再度考えていく、一つの重要な検討課題であると思いました。

そして、最後になりますけれども、長崎親善人形の会の非常に重要なところというのは、市民の方が中心となって活動しているということと、それから国民国家の枠にとらわれずに、独自に国際的な活動、取り組みを繰り広げている点だと思いました。今回は非常によい勉強になりました。

*

井上　飯島先生ありがとうございました。続きまして、先ほど宮崎さんの報告の中でもご紹介されておりました、長崎親善人形の会（瓊子の会）の会長として長年にわたって会をリードをされてこられました、元長崎新聞の記者の山下昭子さんにコメントを頂戴したいと思います。宜しくお願い致します。

平和の壁画は平和をつなぐ心の贈り物・思いやりの交換

山下昭子　まず初めに先ほどから是澤先生が人形交流、宮崎先生が長崎の活動などについてていねいな調査とご説明を頂き感謝致します。宮崎ザビエル君は一年ほど前からご両親と一緒に長崎をたびたびご訪問下さり、地元の子どもたちとのいろいろな活動、交流の様子をまさに子どもの目線で素直に発表してもらい、思わず涙がこぼれそうになりました。

私たちは二〇〇三年、七五年ぶりの「長崎瓊子里帰り展」後に発足した「長崎親善人形の会（瓊子の会）」です。もとはといえば長崎県民は一九二七（昭和二）年に行なわれた日米人形交流の忘れられていた史実を「瓊子里帰り展」で知り、学んだのでした。

一方、史実は史実として今、自分たちにできることは何か。あまり無理なく、だれでもボランティアに参加できる方法はないものかと摸索しておりまして、出合ったのが「キッズゲルニカ」でした。被爆地に生きる人間として、親善人形交流の精神と意義、平和の大切さを次世代に無理なく伝える活動の一環として、子どもたちが想像する平和のイメージを絵に表現する「キッズゲルニカ平和壁画」国際プロジェクトに参加、平和メッセージを世界に発信し、この一五年間を子どもたちと共に歩んで参りました。

こうした私たちの活動に宮崎先生が真摯に耳を傾けてくださったことで平和継承の手立ての一環として改めてきちんと考えるきっかけになりそうです。本当にありがとうございます。

そして、先ほどのザビエル君の話になりますが、被爆校の一つである長崎市立山里小学校区「学童保育やまざとクラブ」を二回目に訪問してもらった時のことです。ドアを開けた途端に、子どもたちがザビエル君のところに飛んできて、「お帰り!」といって迎えてくれました。和やかな交流が終わっての帰り際、「またおいでね。さよならじゃないよ、また会おうね」といってザビエル君を見送ってくれました。直接対面し、言葉を交わし、〝つながる〟ということは、子どものころから国を超えて交流することが必要なのだと思いました。ギューリック博士の思いはこんなことから始まったのではないでしょうか。是澤先生、宮崎先生はじめこちらにいらっしゃる学者、研究者でいらっしゃる方々の専門的な発表を聞き勉強になりました。

私は長崎での人形交流の掘り起こしについて少しお話しさせて頂きます。当時、長崎新聞の記者をしておりましたが、日々の仕事に追われながらも、〝被爆地長崎〟という意味あいから、平和企画という一大テーマは、使命でもあり一年中頭から離れませんでした。ある取材先で「〝長崎瓊子〟という名前を知っていますか」と、声をかけられたことから、私の「長崎瓊子」への旅が始まったわけです。それは「戦争の世紀」といわれた二〇世紀の終わり二〇〇〇年夏のことでした。一九二七年、日米で交わされた親善人形交流という遠大な歴史と、自分との小さな出合いからでした。先ほど宮崎先生が、今回の「日米人形交流の再検討」という研究の発端が「息子・ザビエルが人形に興味を持ち、背中を押されたことから始まった」といわれましたが、まさに〝遭遇〟とはからずもこんなことをいうのかも知れないと、自分と重ね合わせて思ったりしました。

先生のお話の中に何度も「長崎瓊子」のことが出ていましたように、米国で答礼人形の巡回展が数年かけて行なわれ、展示会場が変わる度に台座と人形が入れ替わってしまったようです。そして五八体の答礼人形の内、多数の取り違えが起こりました。「長崎瓊子」もそのうちの一体でした。取材を重ねるうちに七五年の時を超えて何と「ミス長崎・長崎瓊子」はニューヨーク州ロチェスター市の科学博物館に「ミス青森」という台座に乗って大切に保管されていたことが判明したのです。

それは二〇〇〇年八月一五日、奇しくも終戦記念日の出来事でした。机の後ろのファックスがカタカタと動き出し、アメリカの高岡美知子先生（当時、武庫川フォートライト・インスティチュート日本文化センター館長）からの「幸運にも長崎瓊子さんは実在しています。ニューヨーク州ロチェスターにある『ミス青森』の名のもとに」とのメッセージが届けられたのです。そして八月二三日付け、長崎新聞一面には「長崎瓊子見つかった！」の見出しが踊りました。私は平和企画「海を越えた人形たち～戦争の世紀を見つめて～」の連載を通して七三年も前の史実を伝える取材中にまさか行方不明の〝瓊子〟が発見されるとは想像もしていませんでした。

答礼人形取り違えについてはこんな例もあります。二〇一五年春、宮崎県のある新聞記者から、「七三年間もロチェスターで〝ミス青森〟として保管されていたものを〝ミス長崎〟として里帰りさせたのはどういう経緯だったのか」と、問い詰める様な取材を受けたことがあります。それは「ミス宮崎　日向瓊子」が取り違えられたまま、「ミス三重」として、すでに里帰りを果たしていたからです。人形たちは実は、取り違えられたまま里帰りをしている例は国内でも多々あるのです。でも、それは各地の人形研究家が熱心に調査をしており、多様な考え方があることはたしかですし、人間の心情というものは、他方、そう簡単ではない事も理解できます。

「あの県に里帰りした答礼人形は、実は自分たちが子どものころ、懸命に一銭募金をして送り出した私たちの分身」と、現在八〇代後半から九〇代の人たちは、自分たちが贈った人形だから、自分たちのふるさとに帰ってきて欲しいとの願いが強いのも否定できません。

「宮崎親善人形の会」事務局長の長嶺壽俊さんが、「ミス宮崎　日向瓊子」（偶然にも〝瓊子〟は長崎の〝瓊子〟と同じ名前）は、長年の調査により現「ミス宮崎」は「ミス徳島」で、現「ミス三重」こそが「ミス宮崎日向瓊子」であることを確認したことを二〇一五年六月九日付け「毎日新聞」（宮崎支局）が報じています。

今日、この会場に、日本人形の大手問屋「吉徳」（東京都台東区）顧問の青木勝さんがおみえですが、お話によると現存する答礼人形四七体のうち四〇体は台座が異なる。これまでに元に戻されたのは前述のロチェスター科学博物館で「ミス青森」とされていた「ミス長崎」など三例のみとのことです。長嶺さんは一昨年、「戦後七〇年の節目に「〝ミス三重〟とされる日向瓊子を〝ミス宮崎〟として宮崎県に是非里帰りさせたい」と強く望まれましたが、「人形は生みの親より育ての親」との考えも根強く、宮崎の地元紙では「現状のままになっていくようだ」と報じられています。

ちなみに「ミス青森」と「ミス長崎」の取り換えがスムーズに行なわれた理由は、青森県八戸市、八戸市博物館に「ミス青森」を米国に送り出す際に制作した「ミス青森」の絵はがきが存在しており、また前述の高岡先生の調査によって、現在、マサチューセッツ州在住の個人が所蔵していることが確認されていたからでした。もちろん「瓊子　見つかった」の記事発表の前には八戸市からきちんと了承をもらったことはいうまでもありません。

答礼人形の里帰りは人形交流九〇周年の今年、全国三か所で行なわれたようです。先ほどの発表にもありましたように、いずれにしても九〇年前に日米で交わされた親善人形交流ではありますが、多様な意味合いが含まれた現代の話だとも思えます。

　また、飯島先生が、先ほど私ども長崎親善人形の会（瓊子の会）のカンボジア支援について言及して下さったので少し、お話しさせて頂きます。

　繰り返しになりますが「瓊子里帰り展」は二〇〇三年二月～四月にかけて県内四会場で五万人が対面し、一大ムーブメントを起こしました。経費のすべては多くの団体、組織、そして県民の寄付という浄財での実施でしたが予想外な余剰金が出たため、予算の中には「新（平和）アピール事業費」を設けて里帰り展も何か平和事業を実施することになっていたようです。最終的には約六〇〇万円の余剰金が生まれ、この使途について話し合う「瓊子基金委員会」（片岡千鶴子委員長）を創設。いろいろと慎重な議論が交わされた結果、発展途上にあるアジアの子どもたちの教育に役立てようと、カンボジアに「タマコ」という名前の付く小学校を寄贈されました。

　当時そのことで実績のあった長崎ライオンズクラブに寄託することに決定、さらに国際ライオンズクラブからも多大な寄付がありました。当時、活用委員の一人だった日米人形交流研究家故遠山博文さんは、この決定を「〝青い目の人形〟の贈呈を計画したギューリック博士の精神を受け継ぐ正しい選択だったと信じる」とコメントされています。そして同年一一月、プノンペン市から車で約三〇分、カンダル州タクマウ市に完成した「タマコ　ラクサメイ（日の光）サマキ（共同、協力）小学校」と、不遜ながら「瓊子」の名を冠した（略称＝タマコ・スクール）小学校が完成。落成式には長崎ライオンズクラブ訪問団の一行に同行しました。生徒数は当時約七〇〇人で、朝、昼、夕方の三部授業。教科書もありませんでした。校舎完成後は二部授業となり、これまでなかった職員室、トイレ、教室には蛍光灯がともり、子どもたちは満面の笑みで、訪問団を迎えてくれました。とはいえ授業は四教科のみで体育、音楽、美術といった情操教育はありません。ましてや図書室がなく、当然図書もありません。内戦が続いたカンボジアでは、政府としても教育関係の予算には手が回らないのが現状でした。

翌年、私たちは最初の活動として「タマコ・スクール」に図書館建設を計画。街中でせっせとバザーを開いたりして、募金活動などありとあらゆる手立てを講じながらライオンズクラブの協力を得て建設資金を集めました。そして一年後、無事に別館として図書館を建設、同時にクメール語の図書二〇〇〇冊も寄贈することができました。以来、約一年半ごとに、これまで六回、カンボジア訪問を一般募集し、若者も含め多い時は二〇人前後で定期的に学校を訪問。その度に長崎の各小・中学生が自発的に集めてくれたノートや鉛筆など大量に持参すると、「タマコ・スクール」の子どもたちは列をつくって受け取ってくれました。現地では言葉が話せなくても気持ちを伝え合える絵や音楽、ダンス、ゲームを通して交流、数年後にはキッズゲルニカも現地で共に制作、あの時の子どもたちの輝く瞳は忘れられません。

*

今回のシンポジウムのタイトルが「日米人形交流の再検討——人形・交換・子ども」ということで、「交換・子ども」という意味あいから、長崎での取り組みについて少しお話させていただきます。九〇年前に米国から贈られた青い目の人形約一万二七〇〇体のうち、長崎には二一四体が到着。ところが現在長崎県には平戸市と島原市に二体しか残っておらず、爆心地である長崎市周辺には一体も存在していません。私たちが被爆地として、「被爆地の子どもたちと一緒に何ができるか」と摸索する中で、出合ったのが先ほどの「キッズゲルニカ国際プロジェクト」平和壁画の制作でした。

「ゲルニカ」は反戦壁画の代表作です。スペイン市民戦争の時にゲルニカの町を空から無差別に攻撃したことにスペインの画家、パブロ・ピカソが抗議をして描いた絵が「ゲルニカ」（一九三七年）という巨大な絵。「キッズゲルニカ」は、この絵と同じサイズ（縦三・五×横七・八メートル）のキャンバスに、世界各地の子どもたちが、自分たちが思い描く平和の絵を描くというプロジェクトです。世界的な活動として現在六〇数か国と地域、約四〇〇点が制作され、世界各地で展覧会が開かれています。

ちなみに当会では、二〇〇七年から各地の子どもたちと平和壁画に取り組んでおり、今年一一年目、五〇点を制作しました。これまでには米国、カンボジアの子どもたちとのコラボレーションにも取り組んできました。そして二年前、二〇一五年の被爆七〇周年には、七〇年にちなみ七〇メートル、通常の規定サイズの約一〇倍にあたる巨大壁画を描きました。参加の小・中学生四二〇人、大学生一八人を含む大人のボランティアが一五〇人、合わせて約六〇〇人が、被爆校の体育館に集まり、一日で巨大平和壁画を完成させた時は、さすがに全員が歓声を上げ、手を取り合って達成感と感動を分かち合い、まさに共同作業の結果と納得できました。

毎年ですが、その年に制作したキッズゲルニカは八月六日広島原爆の日から九日の長崎原爆平和祈念式典をはさんで約一カ月の間、爆心地公園を流れる下の川斜面に、国内外の作品一〇数点を展示しています。その全長は約一〇〇メートルほどになります。爆心地公園には原爆落下中心碑があり、七二年前、その上空五〇〇メートルで原爆はさく裂しました。一瞬にして爆死した約七万五〇〇〇人、死傷者約七万五〇〇〇人、合わせて約一五万人が四〇〇〇度の熱線で焼き尽くされ、末期の水を求めてこの下の川で折り重なり息絶えました。そうした方々を悼み、祈り、平和を誓うという意味あいからこの下の川の斜面に子どもたちの平和メッセージ・キッズゲルニカを展示しています。八月九日の平和祈念式典前後には国内外から約四万人の人たちがこの公園を訪れ、祈りと共に、平和について考える大切な場所となっており、世界に向けて平和発信ができる有効な手立てと確信しています。

一方、先ほど宮崎先生が話されたように爆心地はグランドゼロとしての聖地であり、行政が管理する公的な場所に、子どもたちのキッズゲルニカ平和壁画の展示を許可する判断も一定評価できると思ったりしています。

今回、「贈り物・贈与」ということについて多様な捉え方、またその関係性ということについて考えさせられました。何はともあれ平和の大切さを次世代につないでゆかねばなりません。そうした意味からも平和壁画は、友情や国際親善について誰でも参加できる有意義な手段であり、子どもたちに勇気と希望を与え、それこそ〝平和をつなぐ心の贈り物・思いやりの交換〟というように考えていいのかなと、今日改めて気づきました。

宮崎先生が長崎のことを紹介しながら、「交換の持つ力」という広い意味と、もう一つ「子ども」ということについてのお話と符号する気がします。

＊

井上 山下さん、どうもありがとうございました。お三方のコメントを頂戴しまして、先ほどご報告されましたお二方から、それぞれリプライを頂戴したいと思います。まず、是澤さんいかがでしょう。

人形には心の琴線にふれる魅力があるのかもしれない

是澤博昭 そうですね、私の場合は、日本人形そのものや日米人形交流の研究というよりも、日本の人形文化の研究をめざしていて、その一環として人形交流をテーマにしている、と自分では思っています。したがって、友情人形や答礼人形そのものへの興味というより、人形交流に携わっていた人びとの人間模様をみることに主眼を置いています。そのような目で人形交流をみると、やはり日本人にとって人形は特別な何かがあるような気がします。人形と書いてヒトガタと読みますが、特に日本人は人形の原点にひそむヒトガタの要素に取り込まれやすいのではないか、願いや祈り、時には憎悪もふくめて人間の感情のあらゆるものを引き受けてしまう。だからこそ九〇年前の日米人形交流の活動を引き継ぐ人も、日本では多いのではないかと思うのですね。

ところが、アメリカ、ヨーロッパの人びとには、このような人形観は日本人より薄いのではないか、ことに人形に関しては、アジア諸国の人びとも大差がないと思うのです。玩具である人形に厄災の身代わりになる「ヒトガタ」などの素朴な信仰心が融合して、子どもの健やかな成長を願う雛祭りに発展したのをはじめ、「大人のおもちゃ」とでもいいたいような、玩具でも信仰の対象でもない、精巧で手の込んだ鑑賞用の人形が現われ、国家的に芸術の一分野にまで創作人形作家を認定しているのは世界でも日本だけです。ところが西洋では人の形は芸術的な彫刻へと昇華してしまい、主に人形は玩具かマネキンのような（いくら高級品であっても）衣裳の雛型を着せ付ける道具として発展する。そのような意味で、日本人形には日本文化を発信する特異な何かがあるのかもしれない、日本の人形文化が生み出す活力を山下さんのお話を聞きながら思い起こしていました。

飯島先生の話にあった日本人移民への影響ですが、アメリカの日本語新聞である『日米新聞』などを読んでいると、彼らははじめギューリックの移民法改正活動に期待するのですが、西部の排日運動が再燃し、だんだん雲行きが怪しくなると、（当たり前の話ですが）次第に迷惑な話になっていく。もともと日本人移民は、移民法云々という国家的な体面からおこる日本国内の反米運動にとまどっている。しかも、排斥の当事者でありながら自分たちはほとんど棄てられた人、つまり棄民同様に扱かわれているという自覚もある。日本政府もアメリカ政府も政治的に無力な日本人移民の声には、まったく耳を傾けない。しかも改正運動によって治まりかけていた排日気運が再燃しそうになり、ギューリックの活動は有難迷惑以外のなにものでもなくなってしまいます。

▶左から、宮崎広和氏、是澤博昭氏、井上潤氏

ほっておいてほしい、というのが彼らの本音だったのではないでしょうか。在米移民たちは、もう誰にも頼らないで自分たちの力でアメリカ社会に同化できるように努力する、と宣言します。当事者でありながら

移民法に関する問題を、日米両政府・親日家・排日家、いずれの立場からも距離をおいた、傍観者的立場から冷静に眺めていたのが日本人移民でした。その意味では『日米新聞』などながめていると、きわめて客観的に移民法改正運動の推移などを報じているのでおもしろいです。

ところが日本からアメリカに答礼人形が贈られてくると、日本国内の人と同じように興奮して、熱狂します。日本語新聞も連日過熱した報道を繰り返し、サンフランシスコでは周囲からたくさんの見物人が来て、市内の人びとは入場もできなくなり、窓に登ったり会場を覗き見する状態で、それでも大半の人はみることもできずに帰宅した、といいます。冷静だった日本人移民も、答礼人形をみると日本人に帰ってしまうのです。

やはり彼らは、日系移民じゃなくて在米日本人移民なのだと、私は思いました。（人形研究者の都合のいい、勝手な解釈ですが）日本人にとって、心の琴線にふれる何らの魅力が人形にはあるのかもしれない、そこから日本文化の特異性に迫る糸口が見出せないか、改めて人形を勉強したいと思いました。

＊

井上　続きまして、宮崎さんお願いいたします。

人と人の交流は重要な意味を持ってきている

宮崎広和　コメントをいただきまして、本当に感謝致します。ありがとうございます。

最初に、塚本さんの素晴らしいコメントには、いろいろと気がつかされました。やはりグローバル化が進んで、私たちの生活というのは世界と密接につながっているわけですけれども、逆に、アンチグローバルといいますか、反グローバルな意識も生まれてきていま す。こうした非常に矛盾に富む時代に私たちは生きていると思います。その中で、国と国の関係ではなくて、人と人の交流というのは、どんな動機に突き動かされているものだとしても、いろいろな意味でより重要な意味を持ってきているのではないかと思います。人形交流の歴史、とりわけ七〇年代からの人形交流の歴史を調べていて、そう感じます。

今日ご紹介した長崎の皆さんのご活動、それから、その他の地域の皆さんのご活動、いろいろな活動があります。それぞれ、いろいろな方が、いろいろな動機を持ってやってやっていらっしゃるわけですけれども、いかようなな形にせよ、このような交流が続いていくということは重要なことだと思います。

私が長崎の皆さんのご活動に関心を持っているのは、長崎の皆さんが人形にはこだわりつつも、人形とは少し別な方向へ、新しい方向へと交流を展開させていらっしゃるからです。カンボジアの話もそうですけれども、キッズゲルニカを通じても、いろんな世界の国々のいろいろな人たちとつながろうとされている。本当にこれは、最後の被爆地としての長崎に住む皆さんの強い平和への思い入れということもあると思うのですけれども、こうした展開に、他の地域に住む私たちが学ぶべきことは非常に多くあるなと思っております。

私は、研究者としてといいますか、この子（ザビエル）に突き動かされてこのプロジェクトをつくってしまったのですけれども、ザビエルは当事者で、私も当事者のような感じです。「彼が当事者として」という言葉が飯島さんのコメントにあって、はっとしたのですけれども、私もそのような関わりをしていますので、これからザビエルと一緒に、それから山下さんとお仲間の皆さんと一緒に、地道に共同作業を進めながら、何らかの形で、この内向きとなりつつある世界の中で、こういうことをずっと力強く続けてらっしゃる方の輪に加えていていただけるということは、アメリカに身を置いている個人としても、本当に幸運だと思っております。

山下　先ほど一つい忘れました。ザビエル君のクラスメートの一人、棚橋彩心さんとお母様が会場におみえになっています。お二人は、今夏、宮崎先生ご一家と一緒に長崎に二度も来てくださり、被爆校である長崎市立山里小学校区、「学童保育・やまざとクラブ」

での交流でザビエル君と一緒に「平和についてアメリカと長崎の子どもたちの意見」についてインタビュー活動をされました。さらにもう一校の被爆校・同市立城山小学校区「城山学童クラブ」ではキッズゲルニカ平和壁画の共同制作にもザビエル君とご家族一緒に参加、子どもたちと懸命に描いて下さいました。

これはNY州ロチェスターのジョン・ジェームズ・オーデュボン第三三小学校、ジェネシー・コミュニティ・チャーター・スクールの子どもたちが描いた七枚の絵を宮崎先生がアメリカから持参され、その絵をゲルニカサイズのキャンバスにレイアウトし、「城山学童クラブ」の子どもたちと一緒にどんどん描いて仕上げていきました。もちろん、ザビエル君、彩心さんも輪になって、まるで同じクラスの友達の様に溶け込み、力いっぱい伸び伸び描く姿に私たちは心奪われました。

九月には、私たちがロチェスターに出かけ、今度は現地の子どもや皆さんとキッズゲルニカの制作を計画して頂いており、楽しみにしています。また、ロチェスター科学博物館では三〇日に「日米人形交流九〇周年記念事業」が予定されており、「長崎瓊子」や妹人形「鶴子」を始め多様な記念行事に長崎親善人形の会からも五年ぶりに一〇人が参加予定です。

その前に長崎では八月、爆心地公園・下の川での「平和の祈り　キッズゲルニカ in ながさき」平和壁画展（一一点展示）、長崎歴史文化博物館では、「日米人形交流九〇周年記念　日米リレーシンポジウム」、九〇歳を迎えた二体の「青い目の人形」とギューリック三世から本県に寄贈された「新友情人形」一三体の「日米友情人形展――きずな未来へ」、「小原流伝統文化いけばなこども教室作品展」、ほかに昭和二年の日米人形交流の歴史パネルを展示します。九〇年の歴史と足跡を知ってもらい、振り返ることで、〝子どもたちへ、未来への伝言〟とする考えです。どうぞ皆様、長崎の方にもお越し下さい、お待ちしています。長くなり失礼しました。

＊

井上　ありがとうございます。山下さんがいま、いい残したことでということで手を上げられましたけれども、登壇されている方々で、いま一つこれだけはいっておきたい、いまの段階で述べておきたいというようなことがありましたらお願いいたします。

是澤　一ついい忘れたのですけれども、塚本さんのコメントの、人間交流、いわゆる、心のふれ合いを求める交流ということですが、これは私にはとてもよくわかるような気がしました。

いまコンピユータをとおして人と人とが簡単にふれ合うことができるようになっていますが、かえって人間と人間の交流の幅は狭くなっている、いや、むしろ交流そのものが難しくなっているのではないでしょうか。直接つながっているようで、実は遮断されている社会の中で、人形というか、モノを通した交流は逆に効果的ではないのか、実際、モノを介した方が人間同士直接ふれ合うことができるのではないか、と考えました。この人形交流の可能性、つまり未来に向かったモノをとおした交流の可能性を考えるヒントがあるのではないか、そのような触発を受けました。

塚本　宮崎先生が共同作業ということをお話になられた中で、共同作業というのは、相互に理解し合えなくてもいいじゃないか、あるいは誤解があってもいいじゃないか。でも、その場に一緒にいて、共同して何かを紡いでいくこと、これが大切なのだということをおっしゃられました。この点に関し、日本語でこれを表わす言葉があったなと今気がついたのですけれど、「同じ釜の飯を食う」ということじゃないかと思うのですね。

たとえば国と国の間での政治家や外交官同士の華やかなディナーの光景が映像で流れてきますけれど、これなどは美味しい料理は食べているかもしれませんが、別に同じ釜の飯を食っているわけではないかもしれない。一方、たとえば学生時代の部活動、特に体育会系の部活動の中で、同じ釜の飯を食うというのは、部活動の中では喧嘩もするでしょうし、試合に負けたら、「お前のせいだ」と思うでしょうし、コーチに怒られることもあって、「コンチクショウ」と思うこともいろいろあると思います。ただ、そういうことを超えて、でも自分は部を辞めない、その場にい続けみんなと一緒の時間を過ごしていくのだという意志を持ち続けることが、結構、大切だと思うのです。

共同作業について宮崎先生のおっしゃられる本当の意味を、私は一〇〇％正しくは理解できていないと思うのですけれども、そういう感覚で捉えられるのではないか。「同じ釜の飯を食う」という言葉が英語にあるのかないのか、あまり聞いたことはありませんけれども、このことは、やはり今の国際社会の中でも欠けていることだし、これを模索して、様々な場を創っていくということは究極的には世界の協調と平和に繋がっていくベースとなりうるのではないかというふうに思っております。

井上　ありがとうございます。今のは、宮崎さんのコメントに対してのコメントだったわけですけれども、宮崎さん、いかがですか。

宮崎　まさに先ほど、塚本さんがお話しされたようなことを念頭に置いて、この論文をまとめました。これは別に是澤先生への批判ではないですが（笑）、理解し合うということはものすごく難しいことだと思います。また、平和も、それを達成することは、すごく難しいことだと思います。実践的には、やはり理解とか平和に向かって、一緒に何かをやっていくということ。そしてそれを諦めずに継続していくということが、実は理解ということであるし、平和であるということではないかと思っています。

モノを媒介した交換という話に戻りますけど、それはザビエルに聞いた方がよいかと思うのですけれど、彼の発表の中で、いじめられた時に人形に相談していたという話があったと思います。彼は、「人形の心の強さ」という言葉を使うのですね。それがどういう意味かという点を聞いて、少しクリアにしてもらいました。彼によれば、人形に話すことによって心が支えられる、ということなんだそうです。

文化人類学では贈与の中で出てくるモノというのは、単なるモノではないという議論があります。交換の中で、モノと人間の区別というのは、実はあまりつかないもので、贈り物というのは自分の一部、相手の一部を受け取っていると考えます。そういう意味で、ザビエルは、直感的に、人形という物が単なるモノでもないし、単なる人でもない、と理解しているようなのです。その中間ぐらいにあって、その曖昧なところで、われわれの心が支えられている。そしてわれわれの社会が成り立っているということなのかと思います。

それと先ほどの共同作業の話を関連付けると、理解とか平和とか最終的なところ、クリアなところには行くことができないかもしれないけれども、その中間的なところでずっと頑張って、喧嘩をしながらでも辛抱強くやっていく。それがやはり現在の混沌とする世の中のなかで、解決がみつからない問題がほとんどの世の中のなかで、なんとか平和を保っていく唯一の道なのではないかなと、感じております。

＊

井上　ありがとうございました。ここで、今日お集りのフロアの皆様からも、今日のご報告等に対するご質問等がございましたらお受けしたいと思いますけれども、いかがでしょうか。

会場　範囲も広く、深い大変貴重な話をいただきまして、ありがとうございます。それで塚本先生と特に飯島先生が指摘された点について、渋沢先生との関係で時代を超えて問題にすべきものは何か、鬱屈した個々のアジテーターとかポピュリストの問題などについてお聞きしたいのですが。

井上　飯島先生、いかがでしょう。

飯島　今、国際化というような文脈でみる時に、どうしても外を向きがちなのですけれども、私たちはかなり移民の方も受け入れています。その場合に私たちの地域、特に東京や愛知県であるとか、そのローカルによってかなり多文化に、そして多民族になっている現状があると思います。海外に目が向く動きのNPOや市民活動があるのに対し、ローカルな日本社会の中の多文化社会をみているものもあり、二分されているので、やはりそこはある程度、両者の対話というのが必要なのかなというふうに私は思っています。そうすると、場の持つ意味、たとえば長崎には、引揚者の方、外地で経験をしていらっしゃる方などたくさんいますし、もしくは海外で経験していらっしゃる方が、この人形交流の活動、それに付随したイベントに参加することによって、長崎での活動の新たな意味を見出せるのではないかということを感じました。

塚本 私は、国民の鬱屈した感情をアジテーター、あるいはポピュリストの政治家が引き出すといった危うい方法をとる、という点について申し上げます。

これは特定の国との間で政治的な意図を持って対立とか反目を煽るということは、どの時代にも起き得ることなのでしょうが、それを乗り越えるのが国民の間の、草の根的な交流であり、そこがしっかりしていれば、二国間関係というのは長期的には、収まるべきところに、健全なところに収まっていくのではないかというのが、私の持論でございます。

ごく卑近な例で申し上げますと、中国と日本の関係というのは、いろいろと近年難しくなっているということは事実でありますけれども、最近の日経新聞で、中国で日本車がまた売れ始めたという記事が載っていました。それまで、中国での日本車の売れ行きは必ずしもよくなくて、フォルクスワーゲンやGM等に人気が集まっていたようですけれども、最近日本車の販売が好調であるという報道でした。その一因として、インバウンドと称される中国人観光客、いま日本に年間六〇〇万人以上来られていますけれども、その観光客が日本に来て、「日本は素晴らしい国だった」、「中国国内で聞いていたよくない話と全然違うじゃないか」と感じて、それを口コミで、国内に戻って皆さんに伝える。あるいは自分で、「日本がよい国だったから、そこの車はきっとよいに違いない」と思って買う、ということが販売好調の原因として指摘されていました。

これは、「共同作業」ということで申し上げれば、というのは、まさに、外国から来る観光客と、それに接する日本人たち、観光客と道で行き交ったり、言葉を交わしたり、エレベーターで一緒になったりする人、あるいはもちろんサービス産業のフロントで、レストランとかホテルで応対する人、こういう人たちと観光客との間の相互作用すなわち共同作業が、非常に活発になっていて、そこが上手くワークしているから日本車販売にもプラスの効果が出始めているのだなと、やや穿ちすぎかとも思いますが、事程左様に、様々なグラスルーツ的な交流というものは、間違いなく二国間関係にプラスになるわけです。

それは、インバウンドの観光客が大勢来過ぎて困るという声もありますが、それよりむしろプラスの意味で捉え、来ていただけばいただくほど、相互理解が深まるという効果は間違いなくあって、長い歴史の物差しの中で考えれば、そちらのプラスの効果の方が大きいと考えるべきではないか、という具合に私は思っております。

いずれにしても草の根的な人間の交流、今の例では共同作業と申し上げた観光客と日本人との間の、たとえ言葉はわからなくとも、コミュニケーション、心のふれ合いというようなものはきわめて大切ではないかと私は思います。

井上　ありがとうございます。他にお聞きになりたいこと、述べたいことはありませんか。

会場　是澤先生のおっしゃっていた中で、一万二〇〇〇体以上贈られてきたとあったのですけれど、学校に寄付されていたというのが二万体以上になっているというところがわからないので、教えていただきたいのが一つです。あと渋沢は継続性ということにこだわっていたと思いますが、草の根的な民間外交も含めて、被爆地などでの交流が現在まで長く続いていくということを見越して、ギューリックの提案について応えたのでしょうか。そのような発言など、ありますでしょうか。

是澤　ご質問ありがとうございます。最初の質問ですが、二万ではなく、日本に約一万二七〇〇体の人形が贈られて、それを当時の全国の小学校の数で計算すると、二・四校に一個の割合で分配されたことになる、ということです。

もう一つ渋沢が継続性というビジョンを持っていたのか、ということですが、おそらく持っていなかったと私は思います。行き当たりばったりとまでいうと必ずしも正確ではないかも知れませんが、その要素が強いのではないでしょうか。アメリカ人による移民法改正運動が起こらないと日本国内が収まらない、それをギューリックの手でやって欲しい、と協力を依頼する。しかし、アメリカ国内の状況をみているとどうも上手くない、依頼側の渋沢からも孤立したギューリックに運動の自粛を求める手紙を送らざるをえなくなる。日米関係改善にかける情熱を共有する同志でありながらギューリックには、今回のことで負い目というか、借りのようなものがあったと思います。それが彼の人形計画を支援した大きな理由の一つだ、と思います。

ただこの一連の渋沢の動きをみていると、ぼくはやはり企業家だなと思ってしまいます。退き際があまりにもうまい。研究者は、何かこだわりを持つとなかなか簡単には捨てられない。移民法の阻止、改正運動、状況を判断してだめだとわかると人を動かしていてもすぐ撤退します。しかし、人を利用するだけではなく、きちんとフォローする。そのフォローの一環が、ぼくは人形交流だと思います。

外務省をはじめ政府関係者は友情人形に何も期待していない、かえって日本国内の反米感情に油を注ぐのではないか、とほとんど逃げ腰でした。ところがその責任をふくめて渋沢がすべてを引き受けてしまう。そして日本国内で予想以上の盛り上がりをみせると、渋沢は国民の対米世論を好転する良いきかっけだ、と判断する。そこで速やかにアメリカに答礼人形を送り、日米親善交流にまで発展させたのだと思います。

当初は継続性も含め未来へ向けたビジョンはなかったのですが、それが一人歩きを始めると、国をあげてそれを先導する人脈と活力、決断力を持った渋沢栄一という人物が力を発揮します。それがこの人形交流の面白さだと思います。その意味では、渋沢の企業家としての先見性というのでしょうか、勘のようなものが、この人形交流の実現には不可欠だったのではないでしょうか。このようなことを塚本さん、素人がいってもいいのでしょうか。企業家の立場としてはどうでしょう。

塚本　渋沢がどうだったかについては想像でお答えすることになりますが、勘が働くというのは、ビジネスを行っていくうえで、とても大切だと思います。渋沢があれだけ多くの会社を立ち上げ、多くの社会貢献活動ができたということは、物事をなすに際して初めの判断が妥当であったからではないかと思うのです。逆に最初に結論が間違っていると、後になって直すのはきわめて大変で、その軌道修正に追われてしまいます。そうするととても五〇〇も六〇〇もできないですよね。そういう意味での先見の明と勘、そしてその勘を踏まえての決断力がものをいうのです。だから、経営にとって勘というのはきわめて大切な要素だと思います。私にあるという意味ではありませんが（笑）。

井上　ありがとうございました。予定の時間にだんだん近づいて参りました。そろそろ締めの方に入って参りたいと思います。

本日は、日米人形交流の再検討ということで、まさに改めての検討の中から、いろんな問題点が抽出されてきたかと思います。これを引き続きわれわれも継続して、考えていき、また皆さんと共に考えていくことになるのだろうと思っておりますが、今日御登壇いただきました報告者、コメンテーターの方、それぞれの方から、この人形交流の意義について、改めて一言だけ述べていただいて、締めて参りたいと思います。塚本さんからお願いします。

塚本　人形交流は、日米の歴史的関係が、非常に緊張の高い時代に行なわれた試みだったと思います。それが、今日までこういう形で議論の対象になり続け、またザビエル君の心にも根付いているというのは、まぎれもなく素晴らしいことを渋沢とギューリックは行なったし、それを支えた日本の国民とアメリカの国民がいたのだなということに、いま改めて思いを致しました。

井上　ありがとうございます。続きまして飯島先生、お願い致します。

飯島　今回のシンポジウム、子どもというのが一つのキーワードとしてタイトルに入っていますけれど、（ザビエル君に）「ごめんなさいね、子どもとしてみることになっちゃって」、ザビエル君がいることによって、やはりこの、交流、日米の二国間交流が現代に持つ意味というのが非常によくわかったということです。

それからやはり長崎の方々がやっていらっしゃる交流事業の活動というのが、アクセスが非常によいと感じるのです。

やはり絵画ですよね。それからお子さんが来られる。それは経済的なものとか、いろんな制約を考えることなく、気軽に来て、そこにまた大人も入っていくということで、非常に波及効果が高い。それから毎年やる気になる。そして、思い出になると。こういうような活動がこうやって芽生えたということは、非常に大きな意味があると思います。これからもザビエル君を通して、もしくは宮崎先生のご研究を通して、私もできる限り見守っていきたいと思います。ありがとうございました。

井上　山下さん、お願い致します。

山下　被爆地から、子どもたちの平和メッセージを世界に発信するという意味では、何度も申し上げましたが、「キッズゲルニカ」国際プロジェクトを通しての活動は本当に有効な方法だと改めて実感しています。それは誰でも、どこでも、いつでも自由に参加、取り組めるからです。

今回も制作に訪れた先々で、小学校低学年の子どもたちが、もう絵の具だらけになりながら満面の笑みを浮かべ、私達のそばに飛んで来て、「きょうのこのことは、一生忘れられれん」と、口々にいってくれたのです。あんなにちっちゃい子どもたちがです。その瞳はキラキラしていました。そして係の先生たちが、「それこそいつもけんかばかりしてる子どもらが、今日はだれもけんかひとつしないですよ」「あんな顔見たことないよね、ニコニコしてて」といわれ、私たちの間では「ああ、今度もこれでよかったのよね。私たちもエネルギーいっぱいもらったね」が、合言葉のようになっています。

被爆地からのメッセージは「未来への伝言――ナガサキから」として、子どもたちと共に発信する共同作業として、繰り返しになりますが、次の世代にバトンタッチができるように力を合わせ、心していきたいと思います。

井上　ありがとうございます。続きまして、是澤さんお願いいたします。

是澤　人形交流は相互理解という点では必ずしも成功したとはいえないといったのですが、今日話を聞いていると、そもそも相互理解は必要なのか、とふと思いました。他人のこと、まして他国の文化を本当の意味で理解するのは大変なのに、一九二七年の人形交流の一点だけをみて相互理解云々という結論だけでいいのか、少し多面的に考えることもできるのではないか……。

宮崎さんや塚本さんの話を聞いてみると、柳田國男がいうような、共同飲食ですか、もっと人と人との交流には、場面を共有することの意義とか、そういう側面もあるのではないか、もう少し私も考えてみたい、と思いました。そのような意味では、改めて人形交流をみつめ直すいい機会でした。今日は大変勉強になりました。

宮崎ザビエル　山下さんのキッズゲルニカについてのコメントの時に、雰囲気が凄くよく伝わってきて、またキッズゲルニカをやりたくなりました（拍手）。

▲左から、塚本隆史氏、宮崎ザビエル氏、宮崎広和氏

井上　以上、ご登壇いただいた方から、一言ずつ締めの言葉をいただきましたところで、本日のシンポジウムを終えたいと思います。

今回のシンポジウムのスタートというか、企画立ち上げのきっかけになったのが、まさにザビエル君が口にした言葉、行動からであり、それが九〇年前に行なわれた日米人形交流を推進しようとした人たちの思いが、そこに乗り移ったようなかたちでここに受け継がれて、本日の開催に至ったと思っています。同様の思いを受け継ぎ、各所で様々な事業が実施されていますが、今回のこのシンポジウムは、その各所で開催される諸事業で伝えるべきものの意味を学術的にきちんと問い直し、世の中に正しく伝えていこうという目的がありました。

その目的に掲げました正しく伝えたい意味を、〝交換〟にからめて申し上げると、本日は、ここにお集りの方に、まずはお贈りさせていただいたということです。それをどうお返しいただけるかは今後に関わってくるのかなというように思います。また、〝共同作業〟という観点からでは、今後、皆さんと共に、〝共同作業〟としての共同研究等を続けながら、この問題意識を継続・維持させて、今後の日本とか、世の中のあり方について、考えていくよい機会にしていければなというように思っておりますことを最後のまとめの言葉としたいと思います。

本日非常に貴重なご意見をいただきました登壇者の方々に、先ず感謝の意を込めて拍手をいただきたいと思います(拍手)。そして、このような難しい中でも、立派にスピーチしてくれましたザビエル君に、大きな拍手をお願いしたいと思います(拍手)。ありがとうございました。

これでシンポジウムの幕を降ろしたいと思います。ありがとうございました。

(注・所属はシンポジウム当時のものです。)

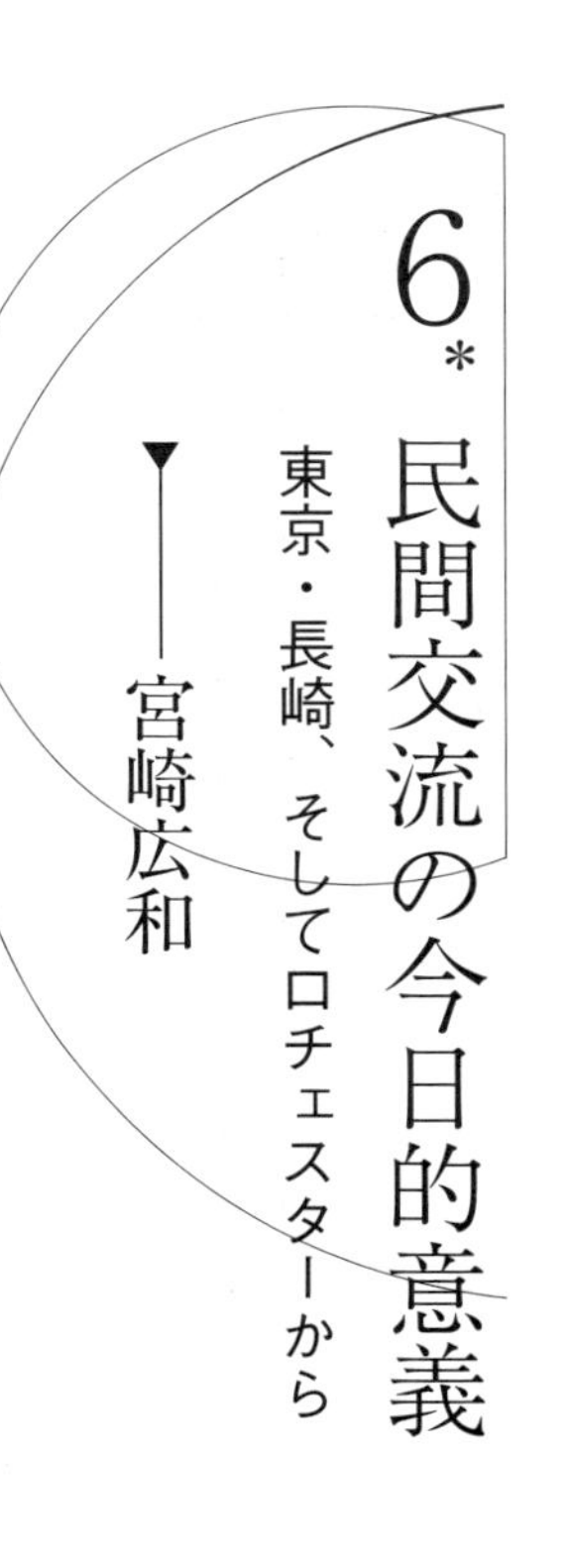

6* 民間交流の今日的意義

東京・長崎、そしてロチェスターから

――宮崎広和

シドニー・ギューリックと渋沢栄一のリーダーシップで実行された一九二七年の日米人形交流は、一九二四年のアメリカの「排日移民法」をめぐる問題に絡み、民間・市民外交の先駆けともいわれています（片桐・一九九九、是澤・一九九九、など参照）。この時にアメリカの子どもたちから日本の子どもたちへと贈られたおよそ一万二千体の友情人形への返礼として、日本の子どもたちからアメリカの子どもたちへ贈られた五八体の答礼人形の一つ、「長崎瓊子」がロチェスターで「再発見」されたのが二〇〇〇年。第4章でみたように、長崎瓊子の「里帰り」実現へ向けて始まった長崎とロチェスターの市民交流は、その後、長崎親善人形の会の尽力と想像力のおかげで、独自の広がりを遂げながら展開してきました。

日米人形交流九〇周年の二〇一七年、日米各地で記念行事が組織されました。二〇一七年夏には、シドニー・ギューリックの孫で、一九八七年以降「新友情人形交流」を続けてきたメリーランド大学数学科教授のデニー・ギューリックさんと妻のフランシス・ギューリックさんも来日し、愛知県や滋賀県で開催された記念行事に参加されました。滋賀県甲南市での行事では、一九二七年の人形交流と戦時中に「青い目の人形」を隠した物語についてのミユージカルも上演されました。

本書のもととなった東京、長崎、ロチェスターを結んだ企画は、様々な「当事者」を巻き込んで、独特の盛り上がりをみせました。世界の様々な地域で国家の政策が内向きになりつつある今日、移民や難民、核兵器廃絶、気候変動などの分野で、都市や市民が主役となる民間・市民外交の果たすべき役割が再び注目されています。ここでは、民間・市民外交のパイオニア的な試みとしてのギューリックと渋沢の人形交流の精神を、日米三都市を結んだ今回の一連の企画がどのように継承したのか、考えていきたいと思います。

1――東京から長崎へ

第5章にあるように、二〇一七年七月二二日に東京、大妻女子大学で開かれたシンポジウムでの討論は、みずほファイナンシャルグループの名誉顧問の塚本隆史さん、上智大学外国語学部准教授で日系移民研究をされている飯島真理子さん、そして長崎新聞文化部元記者で、長崎親善人形の会・会長の山下昭子さんという多彩で強力なコメンテーターをえて、議論はさらに広がりました。渋沢研究、移民研究、そして長崎の平和運動・人形交流活動の当事者の立場からの多角的なコメントを通じて、人形交流の現代的な意味を重層的に浮き彫りにすることができたと思います。

とりわけ印象的なコメントを振り返るとすれば、塚本隆史さんが、孤立主義が再び台頭している国際関係との現状との関係で、対話や交渉などの共同作業経験を通じた信頼関係の構築の重要さを強調されました。また、飯島真理子さんは、人形交流と日系人コミュニティとの関係、さらにはすでに現実的に移民社会となっている日本社会への視点も提供されました。この視点は、「日本人」と「アメリカ人」という括りをあたかも自明のカテゴリーとして前提としまいがちな人形交流についての語りに対する一つの挑戦であると理解できます。日本国内の移民の人たちも巻き込みながら今後の人形交流を展開してはどうかという飯島さんの指摘は、長崎親善人形の会のこれまでの活動の自由さを想起させました。実際、山下さんはキッズゲルニカの開放性に言及されていますが、共同作業としての交換をさらに延伸するヒントをえたように思います。

盛会だった東京でのシンポジウムに続いて、原爆の日の前にして、平和と核兵器廃絶へ向けた企画が目白押しの長崎で、八月七日に、長崎親善人形の会が中心となり、長崎歴史文化博物館でシンポジウムと、長崎県内各所から「青い目の人形」やシドニー・ギューリック三世が贈った新友情人形を集めた展示会が開催されました。シンポジウムでは、是澤さんと私、そして宮崎ザビエル、山下昭子さんも参加して、子どもたちを中心とする聴衆に、人形交流、とりわけ長崎親善人形の会の活動の意義を伝えようと努力しました。

聴衆が大学生と大人であった東京でのシンポジウムとは違い、子ども向けのシンポジウムということもあり、長男のザビエルのスピーチは子どもたちの高い関心を惹きました。しかし、是澤さんと私には少々戸惑いもあり、うまく真意が伝わったかどうかわかりません。このように、長崎のシンポジウムについては、当事者性を広げるという意味で、実質的には、どれほど効果的であったかどうかわかりません。もともと長崎親善人形の会でも、このシンポジウムの形式などについていろいろと議論があり、これはある意味で実験的な試みでありました。子どもたちの関心を持続させるために、地元の劇団、劇団TABIHAKU（劇作家・演出家の津田桂子さん主宰）の子どもたちによる歌や踊りの披露もプログラムの中に組み入れられました。何よりも、司会をお願いした平野妙子さん（元NBC長崎放送アナウンサー）の周到なご準備と当日の機敏なご対応のおかげで、なんとかまとまったように思います。

子ども向けのシンポジウムに挑戦したことは、長崎親善人形の会が進めてきたキッズゲルニカの共同制作という絵画を通じた世代間のコミュニケーションの重要性、有効性、実験性を改めて実感させてくれた機会ともなりました。キッズゲルニカの提唱者たちが指摘するように、キッズゲルニカには、文化や国境、そして年代の違いを超える普遍的なものを子どもたちの個人的・社会的・文化的な個別性を通して伝える力があるのでしょう（〈http://kids-guernica-jp.blogspot.com/2009/08/blog-post_31.html Abe and Kaneda, n.d.〉Anderson, 2000. 水口・一九九九、など参照）。

2――ロチェスターへ

ロチェスターでは、九月三〇日から一一月一四日まで日米人形交流九〇周年記念展示会が開催され、展示会初日には、オープニング式典とシンポジウムが開かれました。私は、ロチェスター科学博物館で、協議を重ねましたが、そこでも「当事者性」の問題が話題となりました。日米人形交流の当事者として、博物館、そして、ロチェスター市民（一九二七年の交流の際には、三〇〇体の人形がロチェスターから送られました）も積極的に参加する交流行事にする方向で進める。ロチェスター科学博物館の主席学芸員であるキャサリン・ムラーノさんとそうした方向性で意見が一致しました。人形交流をめぐる人間交流を、長崎とロチェスターに住む日本人同士の交流に終わらせず、広くロチェスター市民を巻き込んだ形に展開しようということです。博物館長で、長崎瓊子の里帰りの際には長崎も訪問したケイト・ベネットさんも、そしてロチェスター市も全面的に企画をバックアップし、また、当時私が教鞭をとっていたコーネル大学、ロチェスター市のロチェスター工科大学、さらにはロチェスター市内の小中学校を巻き込んだ企画となり、展示会初日のセレモニーには一〇〇人近い人が集まりました。

ロチェスター科学博物館での日米人形交流九〇周年の記念展示会のオープニングに合わせて、長崎親善人形の会から会長の山下昭子さんを含めて有志九名が渡米。また、同日開かれたシンポジウムには、是澤さんと井上さん、さらにはシドニー・ギューリックの孫で、一九八〇年代から「新友情人形」プロジェクトを一緒に進めてきたメリーランド大学数学科教授のデニー・ギューリックさんとご夫人のフランシス・ギューリックさんも参加しました。

ここでも是澤さんと私、そして宮崎ザビエルは、それぞれ第2章と第4章のもととなった論文を発表し、主として大学生と大人からなる聴衆と日米人形交流の意義について考えました。また、シンポジウムでは、ロチェスター中央図書館の元司書、バーバラ・ビリングスリーさんが、ロチェスターの第四三小学校の校長ジョージ・クーパーという人が一九三四年から一九三五年にかけて行った世界各国との人形交換を紹介し、贈り物としての人形についての議論が深まりました（ジョージ・クーパーの人形交換プロジェクトについては、奥田・二〇一二も参照）。

ジョージ・クーパーが集めた世界各国の人形は当初小学校で異文化教育に使われていたようですが、現在は、ロチェスター中央図書館の児童図書室にあって、秘密の扉から入室する「秘密の部屋」に展示され、地元の多くの子どもたちの目にふれています。これらの人形の中には、日本から贈られた答礼人形より少し大きめの人形二体「大和日出夫」と「櫻木春子」、そして「なかよし人形」男女二体が含まれています。

最後に、コメンテーターを務めたロバート・フォスター教授は、ロチェスター大学で文化人類学を教える贈与交換論の大家です。フォスター教授は、ギューリックと渋沢の人形交流が、文化人類学で贈与交換論が登場した一九二〇年代と時代的に一致することを指摘したうえで、日米人形交流の歴史が、贈り物の個別性の問題、物質性の問題、交換の反復性の問題など、贈与交換論の議論のテーマに深い示唆を与えるものであることを指摘されました。

このシンポジウムとは別に、会場では、長崎親善人形の会の有志の参加者が指導して、展示会オープニング参加者による平和壁画「キッズゲルニカ」制作や折り鶴制作も行なわれ、さらには、人形の会全員によるお花やお茶のお点前のデモンストレーションも開かれました。

キッズゲルニカは、本来子どもたちが共同制作をするものですが、今回の場合、参加者は、小学生から大学生、大人を含みました。キッズゲルニカ制作の「当事者性」を広げる機会となったといえるかもしれません。完成した壁画は、二〇一八年八月に長崎の爆心地で毎年長崎親善人形の会が主催しているキッズゲルニカの野外展示会に展示されました。

ロチェスター科学博物館での記念展示会では、長崎瓊子とその妹人形、鶴子のほか、一九三四年～一九三五年の人形交換で日本から贈られた人形四体も展示されました。さらに、長崎親善人形の会がかつてロチェスターの訪問時に、地元の小学生と制作したキッズゲルニカなども展示したほか、二〇一七年夏に、私と宮崎ザビエルも参加して企画したロチェスターの小学校二校と長崎の被爆校のひとつ、城山小学校の小学生が共同で制作した作品も展示されました。

第4章の終わりに添付した宮崎ザビエルのスピーチでもふれられていますが、この共同制作作品は、まず五月にロチェスター科学博物館と協力して地元の二校、ロチェスター市立ジョン・ジェームズ・オデューバン第三三小学校とロチェスター科学博物館敷地内にあるジェネシー・コミュニティ・チャーター・スクールで八枚のキャンバスに平和のイメージを小学生に描いてもらい、それを私が長崎訪問の際に、長崎親善人形の会に届けました。それを大きな、ピカソの「ゲルニカ」と同じサイズのキャンバスの上に縫い付け、七月初めに城山小学校で、当時東京の小学校に通っていた宮崎ザビエルも交えて、大型壁画を完成させました。子どもたちは、ロチェスターの子どもたちが描いたイメージに対応するイメージを描いたり、イメージを延伸したりしました　これはまさにイメージの交換作業でした。

展示会最終日となった一一月一四日には、キッズゲルニカ製作に参加したロチェスター市立ジョン・ジェームズ・オデューバン第三三小学校の小学生たちやオープニング当日のキッズゲルニカ制作に参加したマクエイド・イエズス会中高等学校の学生も集まり、今後の長崎の子どもたちとの交流を進めていくことを確認しました。また、ロチェスター科学博物館は、今後、長崎瓊子を定期的に展示し、それと関連してキッズゲルニカ制作も独自に進めていくことになりました。実際、二〇一八年三月には、博物館で雛祭りの行事があり、長崎瓊子が展示され、その横でキッズゲルニカ制作がありました。

3——都市外交との関係

こうした子どもたち中心の交流と並列的に、より公的な都市間の交流も企画されました。ロチェスター科学博物館での展示会のオープニング式典では、長崎親善人形の会の会員で、元長崎市議会議員、そして長崎県被爆者手帳友の会の会長の井原東洋一さんが、田上富久長崎市長の親書と平和への祈りのシンボルの一つである浦上教会の「アンゼラスの鐘」のガラス製の模型、そして折り鶴などを、ロチェスター市長の代理として式典に出席したマイケル・リーチさんに手渡しました。長崎市長からのメッセージに応えて、ロチェスター市のラブリー・ウォーレン市長からのメッセージも読み上げられました。市長とロチェスター市議会は、この日を「国際友情人形交流の日」と宣言しました。

また、オープニング式典の前日には、コーネル大学で、井原さんが、長崎での被爆体験、そして核兵器廃絶へ向けた取り組みについて、一〇〇人ほどのコーネル大学の大学生と教官を前に講演しましたが、その際に、コーネル大学のあるイサカ市のスヴァンテ・ミラック市長に対して、「平和首長会議」への参加を呼びかける長崎市長の親書を私に託しました。私はこの呼びかけをイサカ市長に伝え、一一月には、イサカ市長と面会。その席でイサカ市長は平和首長会議への参加を表明しました。さらに一二月には、イサカ市長からの親書を携えて、私は長崎市長を表見訪問。今後の長崎とイサカ、そしてコーネル大学との核兵器廃絶をめぐる連携関係構築への取り組みを確認しました。人形を中心とした交流に、平和と核兵器廃絶をめぐる都市間外交という一面も加えることができた、といえます。その後、コーネル大学の教官や学生も参加する核軍縮をめざす市民グループの努力が実り、イサカ市議会は、核戦争を阻止するために、核兵器の不使用、核軍縮の推進、さらには国連の核兵器禁止条約を受け入れるよう米国大統領および米国議会に促す決議を採択しています。

もともと一九二七年の日米人形交流には日本政府が深く関わっておりましたが、二〇〇三年の長崎瓊子の里帰りから始まった長崎とロチェスターの交流は、長崎県や長崎市の都市・自治体外交と連携する形で展開してきました。長年、広島市や長崎市は、核軍縮や核兵器廃絶へ向けた外交的取り組みに関わってきました。とりわけ、広島市長が提唱し、現在広島市と長崎市が共同で主導する「平和首長会議」(Mayors for Peace) は、都市外交のグローバルな枠組みを構築しようとする先駆的な取り組みです。ただ、潤沢な資金を投入できる国家レベルの外交とは異なり、都市間の外交活動では、首長や市議会と市民の連携・協力が不可欠です。だからこそ、こうした共同作業には、重層的で多面的な効果を産む可能性が秘められています。長崎瓊子をめぐる長崎の皆さんの取り組みは、その好例であると思います。

4――「人形の力」の再発見

ロチェスターのイベントでは、新たな人形交流も行なわれたことに言及しておくことは重要であるように思います。

二〇〇三年の長崎瓊子の里帰りの際に、長崎県から贈られた妹人形「鶴子」は、長崎出身の創作人形作家の故武文子さんが制作したものですが、今回のロチェスターでの展示会オープニングには、武さんが主宰されていた横浜市の創作人形のグループ「紫桜会」から武さんの妹と姪の方が参加され、会が和紙を使って制作したうさぎの雛人形が配られました。この人形はオープニングに参加した小学生や大学生らに配布され、大変好評でした。大学生たちの中には、自分の部屋に飾って、部屋を訪れた友人たちと、人形と人形交流、そしてロチェスターでの瓊子の会の人びととの交流について会話が始まるなど、さらに交流の輪が広がったと感想を述べてくれた人もいました。前述したように長崎市長も、ロチェスター市長やイサカ市長に親書だけでなく、「アンゼラスの鐘」のガラス模型や折り鶴を送りましたが、都市間外交や民間外交で贈られるモノの役割、とりわけ、贈り物としての人形の役割を再認識する機会となりました。

前述した長崎瓊子の妹人形鶴子は、長崎県知事の名で贈られています。さらに、二〇一八年一〇月には、再び長崎親善人形の会は、ロチェスター市が二〇一七年一〇月一日を「国際友情人形交換の日」と宣言したことへの返礼として、二体の人形を贈ることを決定し、一〇月二四日にロチェスター中央図書館で贈呈式が行なわれました。瓊子と鶴子のいる博物館には、鶴子を制作した武文子さんの遺作である人形が贈られることになり、この人形は、長崎市の田上富久市長によって「櫻子」と名付けられました。また、ロチェスターのラブリー・ウォーレン市長には、武さんのご長男の奥様が制作された作品「陽子」が贈られ、中央図書館内のジョージ・クーパー人形コレクションに加えられることになりました。

贈呈式では、被爆者で長崎日赤原爆病院名誉院長の朝長万左男さんが、田上長崎市長からの親書を読みあげ、ロチェスター市のあるモンロー郡図書館システムのディレクターの職にあるパトリシア・ウタローさんが、ウォーレン市長の親書を代読されました。ロチェスター科学博物館のケイト・ベネット館長もスピーチをされ、長崎瓊子を通じた長年の長崎との関わりを振り返られました。ベネット館長はロチェスターご出身ですが、小さい時に博物館を訪れて、瓊子と出会い、強い印象を受けられたようです。贈呈式は、ロチェスター市役所で国際関係を担当され、長崎との関係にも尽力されているマイケル・リーチさんのご尽力で実現したもので、ロチェスターで国際交流に努力されている市民や図書館システムの理事などが集まりました。

文化人類学の贈与交換論では、交換されるモノには、交換する人間と社会関係の一部が含まれている、というマルセル・モースの議論が知られています。交換されるモノと人間の区別は曖昧なもので、贈り物を受け取る時は、贈り手の一部を受け取ると考えられています（モース・二〇一四）。

「アンゼラスの鐘」のガラスの模型には、長崎の被爆者たちの祈りが、そして折り鶴にも、人形にも、それぞれのモノをつくった人たちの思いが込められているわけですが、そうした意味で、共同作業としての交流や交換だけでなく、交換されるモノ自体が、人間交流でもあるのです。国と国とのフォーマルな外交とは違い、都市外交・市民外交・民間外交の核心には、国境やその他の違いを超えた、生身の人間と人間の交流があります。ロチェスターでの新たな人形交流は、モノがそうした人間の関係を作り出し、媒介する力を持つことを確認する機会となりました。

5――おわりに

本書の第2章と第4章で、是澤さんと私は、「相互理解」と「共同作業」という二つの視点を対照化して提示しました。第2章で、是澤さんが、戦後の人形交流の主体者となってきた狭義の「当事者」による日米人形交流についての言説を、「誤解」された意図という視点から、暗に批判しているとすれば、第4章で、私は、是澤さんの議論（そして第3章の小檜山さんのご研究）を受けて、新たに、贈与交換論という視点を持ち込み、当事者の枠組みを広げることによって、「理解」・「誤解」という視点を「共同作業」という視点へとずらしました。「相互理解」と「共同作業」という視点を交換しようとしたといってよいかもしれません。この視点の交換は、今回の人形交流九〇周年記念企画の基盤となるものです。というのも、この企画での共同作業を通じて、人形交流における当事者性を広げようとしたからです。

東京、長崎、ロチェスターを結んだ今回の企画は、ギューリックと渋沢の思いと努力に起因する民間外交を、今日的状況の中で、一歩進める企画でした。平和や国際親善といった抽象的な目標ではなく、学者から実業家、芸術家、地方行政当局、子供など様々な立場の当事者を巻き込み、共同作業をさらに重層的にすることを目標としてきました。

シンポジウムの討論で、長崎親善人形の会の山下昭子さんが指摘したように、共同作業としてのキッズゲルニカの魅力は、「誰でも、どこでも、いつでも自由に参加、取り組める」（本書第5章）という点にあると思います。この点で、キッズゲルニカの自由でオープンな枠組みは、こうした平和や国際親善という共同作業の一つのモデルを提供していると思います。

こうした共同作業の中では、いろいろな誤解や齟齬が生じるかもしれません。いろいろな意図と関心を持つ多様で様々な世代の人たちを当事者として取り込み、巻き込んでいく共同作業では、そうした誤解や齟齬が生ずることは、ある意味、当然でしょう。しかし、そうした作業の中にこそ、平和や国際親善が存在するといえるのではないでしょうか。平和や国際親善は、繰り返し繰り返し共同作業を続けていくことそのものであり、それ以外には、平和や国際親善を推進していく道はないのではないかと思います。

こうした地道な努力にこそ、共同作業に参加する個々人、一人ひとりの幅を少しずつでも広げ、平和と国際親善の当事者としての意識を芽生えさせる可能性があるのではないでしょうか。その可能性に賭けることこそ、人形という贈り物に集結したギューリックと渋沢という二人の類い稀な国際人の民間外交の精神を受け継ぐ一歩だと思います。

●参考文献

奥田環「東京女子高等師範学校における日米人形交流（二）国際文化振興会による人形の交換」『人形玩具研究　かたち・あそび』第二二号、二〇一一年、二八〜三八頁。

片桐庸夫「民間外交のパイオニア」渋沢研究会編『公益の追求者・渋沢栄一』山川出版社、一九九九年、一〇四〜一一七頁。

是澤博昭「日米文化交流――日米人形交流を中心として」渋沢研究会編『公益の追求者・渋沢栄一』山川出版社、一九九九年、一八一〜一九五頁。

水口薫「キッズゲルニカ国際こども平和壁画制作プロジェクト――異文化理解と美術教育の可能性」『大手前大学論集』第一一号、大手前大学、二〇一〇年、一八九〜二一一頁。

モース、マルセル（森山工訳）『贈与論』岩波文庫、二〇一四年（一九二三〜一九二四）。

*

Abe, Toshifumi, and Takuya Kaneda, n.d. “Art Education for Peace : Kids' Guernica, International Children's Peace Mural Project.”

Anderson, Tom. 2000. “The Guernica Children's Peace Mural Project.” *International Journal of Art Design and Education 19*（2）: 141-152.

7* 渋沢栄一の社会貢献をみつめる

▼未来への遺産

井上　潤

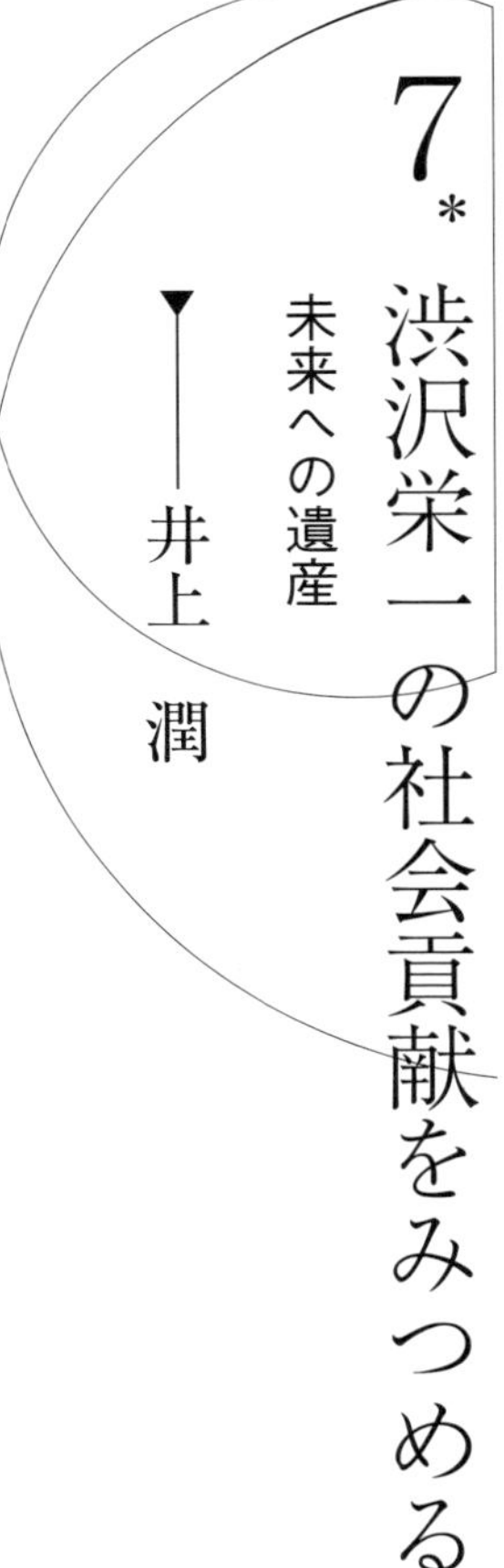
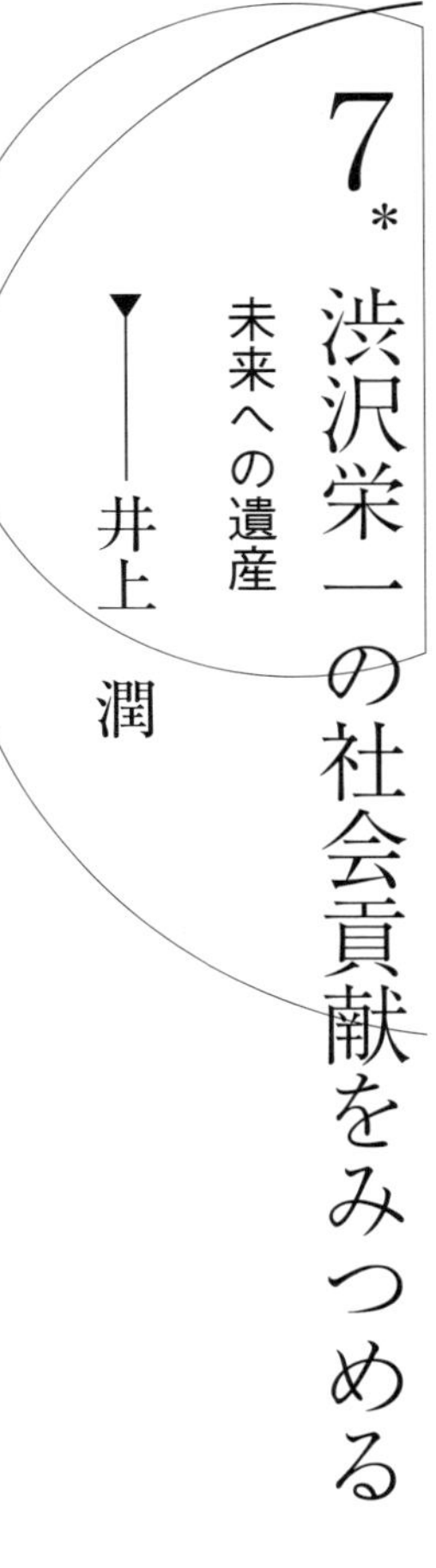

1――はじめに

近代日本社会を創造し、組織化した一人として渋沢栄一という人物がいました。近代化推進にあたって経済を基盤に据え、産業・実業の発展に多大なる貢献をしたとして、経済人としての位置付けが注目される渋沢ですが、社会公共事業にもいろいろな分野で関わっていました。関係した会社約五〇〇に比して、社会公共事業は六〇〇にものぼります。渋沢は、日本の経済システムだけではなく、新しい国のシステム全体を構築したオルガナイザーであり、近代日本の創造者でした。まさに、彼の人生そのものが、社会への大きな貢献だったのです。

2――現代に生きる渋沢栄一

まずは、渋沢栄一の生涯を簡単に振り返ってみましょう。

渋沢は、一八四〇（天保一一）年、武蔵国榛沢郡血洗島村（現・埼玉県深谷市血洗島）に生まれました。日本において近代化の波が胎動し始める時期に、江戸からもさほど遠くなく、舟運盛んな利根川と主要街道の一つ中山道、そして各々の中継地点となる中瀬河岸、深谷宿といった交通の要衝、地域経済の要衝にはさまれ、絶えず人・物・金が行き交うと同時に多くの情報・文化が行き交う土地、そして早くから貨幣経済が浸透する地域に生まれ、育っています。少年期より、農家ですが藍玉の商売など多角経営を営む実家の家業を手伝う中で、経済・経営のノウハウを身につけていったのでした。

少年期に、従兄の尾高惇忠から『論語』をはじめとした漢籍類の他に様々な分野の書籍にまで目を向けさせた幅広い読書法を授けられたことが、生涯『論語』を規範に生きたのと同時に多くの情報の集積・分析を心がける原点となったと思われます。学問好きが高じて、思想文献にまで目が向き、尊皇攘夷思想の影響を受け、一時は、高崎城乗っ取りや横浜の外国人居留地焼き討ちなどの暴挙を企てたりもしましたが、貴重な情報を元に適切な判断をくだして中止としたのでした。また、一橋家に仕官した時には、人選御用のため領地内をくまなく歩いた際に、自らの見聞を通してえた情報をもとに、一橋家の家政に関するいくつもの政策提言をしました。播州で多く生産される木綿の売買仕法、播州・摂州などからの年貢米の売り捌き法、備中でとれる硝石の本格的製造・商品化などの財政政策によって一橋家の財政を潤す結果を導いたのです。

幕臣として、一八六七年パリ万国博覧会使節団の庶務・会計係を担う一員として渡欧経験したことは、渋沢の人生にとって大きな転換点となりました。新しい技術、文物、制度にふれ、経済活動の重要性、しかも道理のともなう利益追求、インフラ整備等で、「公益を追求するという使命や目的を達成するのに最も適した人材と資本を集め、事業を推進させるという」合本法（がっぽん）の考え方、官民一体となって国を富ませようという考えなど日本の新しい国づくりに必要と思われたことを任務遂行の中で吸収することができたのでした。帰国してすぐに、静岡の地にて合本法による事業体「商法会所」を設立したことなどからみられる理解力、実践力の能力の高さにも驚かされます。

その後、一時期明治政府の役人を務め、特に制度改革のための調査・立案にあたった「改正掛」の長として、日本のインフラ整備に邁進しますが、一八七三（明治六）年以降は一環して民間の立場を貫き世の中の為に奔走しました。日本で最初の近代的銀行「第一国立銀行」をはじめとして、これからの社会に必要と思われた事業を会社組織で立ち上げ、指導に尽力し、生涯約五〇〇もの企業に関わったのでした。また、あらゆる人が充実した生活が送れるように考えた福祉・医療事業、各国間との関係維持と世界中への日本の立場の位置づけを明確に伝えたいとした民間外交、国づくりに必要な人づくりの観点から関わった教育事業など約六〇〇にもおよぶ社会事業へも関わっています。まさに亡くなる直前まで世の中を思い、奔走し続けた人生を送ったのです。

その渋沢が亡くなって八七年が過ぎました。まさに歴史上の人物ですが、その過去の人物へのここ数年続いている注目が、今なお衰えを知りません。色あせるどころか、その注目度はさらに増し、反対に一層強く光彩を放つようになっているのです。

振り返ってみると、渋沢栄一が最初に注目されたのは、生誕一五〇年を迎えた一九九〇年前後でした。日本ではバブル経済がはじけ、それまで世の中に潜んでいた様々な歪みが、世の中に露呈し始めた頃です。そのような状況の打開策を講じるにあたって、企業倫理の実践者・渋沢の事績、考えが脚光をあびるようになったのでした。それ以降も、企業等の不祥事が起こるたびに渋沢が注目されました。そして、二〇〇八年のリーマンショック以降、世界的に経済が困難な状態に陥り、それまでとは規模の異なる大きな注目をあびることとなったのです。今、「資本主義は崩壊するのではないか？」とか、「資本主義は別の形に姿を変える必要があるのではないか？」と問われる中、その答えに示唆を与えるものとして、渋沢の「道徳経済合一説」や「合本主義」の考えが再評価されるようになっているのです。

渋沢に関しての研究は、もともと経済史・経営史が中心であったところから一九九〇年前後で、その分野以外の研究が進み始めてきました。外交史、国際政治史、社会福祉（事業）史、教育事業・教育思想史等の分野です。これは、学際的・総合的に渋沢を追究していこうという機運の盛り上がりにつながり、やがて、国内のみならず、諸外国へも広がっていくことにつながったのです。渋沢の著作が様々な言語で翻訳されたり、新たな著作が刊行されたりするようになり、中国には「渋沢栄一研究センター」が立ち上がり、海外で開催される学会で討論のテーマとして取り上げられるまでに至ったのです。

学際的・総合的な検証、実証的で客観的な分析がされるようになったことで正当な評価が与えられ、正しく人間像が浮かび上がったからこそ、多く取り上げられるようになったのでしょう。評価の対象として以下のような点が上げられます。

第一に、儒教精神に基づく企業倫理実践者としてです。いまだ企業の不祥事があとを絶ちません。多少の不正に目をつむってまでも、利益を第一に考えてしまうところを戒めたのが渋沢でした。商売すること、商売する人に対する蔑視を非常に憂えると同時に、利益を求めることと、道徳観を持つことが相反することと理解されていた中で、利益を求めることは決して悪いことではなく、むしろ「利益を得ること自体、国を富ませ、発展の基底にあるのは経済活動だ」としたのです。ただし、その経済活動をするにあたっては、道徳観や倫理観を決して忘れてはいけないと強く主張しているのです。

ただ、渋沢は実業界の第一線で活躍した時期には、それをほとんど語っていません。むしろ実質的に実業界をリタイアした一九〇九（明治四二）年以降、強く主張するようになりました。明治の後半より金銭尊重の風潮が広がる中、渋沢は、その風潮の中に内在する憂うべき問題に対し警鐘をならす意味で、講演や出版物を通して強く発したのです。その代表が、商業道徳を説くところから発展し、処世術全般にふれた一九一六（大正五）年出版の『論語と算盤』であり、一九二三（大正一二）年に帝国発明協会で「道徳経済合一説」を録音盤に吹き込み、普及させています。

第二は、儒教精神を持ち続けた点です。渋沢は、生涯『論語』を規範に生きたとしています。ヨーロッパやアメリカの文化・技術等を重んじて、新しい国造りにまい進しましたが、精神は、幼い頃より学んだ『論語』の教え、儒教の教えをずっと貫いていたというところに注目されています。東アジアの発展の中で、儒教精神、東洋の伝統文化が再評価される中での注目です。

第三は、社会貢献活動の先駆者としてです。今、多くの企業はCSR等を意識し、社会貢献活動、文化支援等をさかんに行なっています。実業界で本格的に進むようになってきたと思いますが、一時期、企業のPR活動に使われているのではないかという誤解を招くようなところもありました。たとえば、「この事業に支援するので、事業のタイトルに自社名を冠してほしい」という要求等が出てしまうこともあったりしたのです。本当の意味での社会貢献活動、文化支援を考える際には、渋沢の先駆的な行動等をもう一度みつめ直すときではないかということで注目されています。

この点に関してCSRという言葉をよく耳にします。CSRはCorporate Social Responsibilityの略語であり、本来の意味は、一般に企業が、社会に対して果たすべき責任と捉えるもので、企業の事業自体が社会に対し責任を持つことで、それが社会への貢献につながるというものです。しかし、実態は、自らえた利益を寄付するなどの慈善的事業として捉え、本来の企業活動と社会貢献活動は別物のように考えているようにみえます。社会貢献活動の先駆者ともいわれる渋沢は、「企業活動こそをしっかり行い、日本の経済を支えることそのものが、企業の社会貢献責任であり、社会貢献につながる。責任を全うするためにも事業の永続が必要である。利益追求と社会貢献を別物とするのではない」という意識がありました。まさに、渋沢は本質をよく理解した先駆者だったといえるのです。

第四は、求められるリーダーシップを発揮する人物像としてです。将来に対して長期的な展望と確固たるビジョンを持ち、強いリーダーシップを発揮する政治家も経済人もなかなか出てこないといわれる中にあって、渋沢が、そのような求められるリーダー像と重ねあわせられ、注目されるのです。

そして最後は、高齢社会の模範としてです。渋沢は九一年生きましたが、亡くなる直前まで自分のことは自分で行ない、世の中のために行動し、よりよい世の中を考え続けたという、本人がめざした充実した生き方をしたのでした。まさに今、超高齢化社会といわれる中においての模範ではないかというところでも注目されているのです

3――日本の国際化と平和の推進に貢献

では、渋沢栄一の事績の中で、本書で取り上げられている日本の国際化および世界平和推進にみられる社会貢献の実態をみていくことにします。

渋沢は、一九〇九（明治四二）年に古稀（七〇歳）を迎えて、そこで大半の企業の役員を一気にリタイアします。一九一六（大正五）年までは、銀行を中心とした金融関係、文化事業につながる企業では一部役員として残っていましたけれども、そこで一気に辞しているのです。では、後半生は悠々自適の生活を送ったのかというと、そういうわけではありませんでした。リタイアしてからの晩年に至っても、いろんな相談事には乗っていましたし、役員としての肩書はなくなっていましたが、指導的な役割は、ずっと続いていたのでした。

その渋沢が実業界を実質的にリタイアした明治の後半ぐらいから、日米関係がぎくしゃくし始め、まずは日米両国の関係改善に努めるようになったのでした。

明治以降、日本からの移民が特にアメリカの西海岸に次々と出ていきましたが、その移民を排斥しようという運

動がアメリカ国内に起こってきたのです。この排日の気運の高まりが大きな要因の一つとなり、日米の対立が深刻化していったのですが、政府間レベルでの交渉だけでは、問題の解決にはなかなかうまくいたらなかったのです。

そのような時に、渋沢など民間の人間に対して外務大臣・小村寿太郎は「関係の改善に向けて民間からの援助をしてもらいたい」とする要請をしました。渋沢は、その言葉自体に非常に重きを置いたのでした。官だけで国が動くのではなく、これからは民間の人間に対しても、こうして声がかけられる、民の必要性が認められてきているというその意義を強く感じ、アメリカとの関係改善に努力したのでした。

渋沢にとって当時のアメリカという国は、国力が急速に発展した状況などから、自らが思い描いていた理想的な国だったように思われます。渋沢は前後四回渡米していますが、最初に訪米したのは一九〇二（明治三五）年でした。日米間の相互理解と親善を促進し、通商を緊密化することを目的とした東京商法会議所の使節としてであり、実業家数人に会ったほか、セオドア・ルーズベルト大統領に謁見する機会もえています。初めてアメリカを訪れた渋沢は、同国の豊富な資源と農・工業等の産業の規模の大きさに圧倒されたようでした。

写真１　最初の訪米：ウォルサム時計会社門前にて（1902年6月27日）

（渋沢史料館所蔵）

二回目は、一九〇八（明治四一）年にアメリカの実業家たちが来日した際に交流を持ったその返礼という意味ではありませんが、一九〇九（明治四二）年に日本の六大都市（東京・横浜・名古屋・京都・大阪・神戸）の商業会議所の会頭、若手の経営者、技術者にジャーナリスト他随行員五一名からなる経済ミッション・渡米実業団の団長としてアメリカに渡っています。「一〇〇万ドル列車」という特別車両を仕立ててもらい、大陸横断鉄道で

写真２　２回目の訪米：エジソン電気会社における渡米実業団（1909年9月25日）

（渋沢史料館所蔵）

西海岸から東海岸、そしてまた西海岸へ戻るというようにして、三カ月かけて約六〇都市を訪れました。タフト大統領にも謁見しましたが、各地の実業家たちとも交流し、お互いの状況、考え等を理解しあえれば、日米関係の悪化を何とか解消できると信じ、交渉にあたったのでした。

たとえば、ニューアークを訪れた際には、エジソンの電気工場を訪問し、エジソンとも交流を持っています。その後、渋沢がエジソンに誕生日プレゼントを贈り、その返礼の手紙がエジソンから渋沢に宛てて送られたりと、交流の継続がみられます。

また一九一六（大正五）年に三回目の訪米をし、四回目は、一九二一（大正一〇）年、八一歳にして渋沢栄一は、ワシントン会議を促進する非公式代表としてアメリカに渡っています。国際協調を願う世界中の人たちから渋沢は、非公式ながらも国際関係改善をめざす運動、つまり「民間外交」の傑出した実践者であることを認められ、「グランド・オールドマン」として讃えられたのでした。

そのほかに、渋沢は、今でいうＮＧＯ・ＮＰＯ的な、日米関係を緩和する民間の委員会にも深く関与し、国際交流を高め、情報の交換と国民感情の相互理解に様々な機会を与えました。一九一三（大正二）年には、頂点に達したカリフォルニア州の排日運動問題の解決を求めるため、日米同志会を結成し、その会長に就任しています。

一九一六（大正五）年一月には、日米両国民の相互理解の増進をはかり、その具体策を取りきめ、日米間に生じた意見の対立をすべて取り除くことを目的とした日米関係委員会の結成を牽引しています。政治家・実業家・宗教家・教育者・社会事業家等各界を代表する計二四名の委員によって構成されるこの委員会で渋沢は、理事をつとめ、正式の会長も委員長も置かなかったこの組織を動かし、実質上の会長職を担ったのでした。

同委員会は目立たない地味なかたちでしたが、日米関係改善への努力を重ねました。たとえば一九二〇（大正九）年には、カリフォルニア州の反日行動を討議するため、アメリカの東海岸と西海岸から代表を招き、意見を聞く二つの会議を開催しています。これはアメリカで新たに反日立法が成立する空気をある程度和らげるのに成功しました。この委員会の活動により、カリフォルニア州の反日感情が変化し、政策の転換をみたというわけではありませんでしたが、緊張を緩和させ、アメリカの一部で日本人に対する同情心を高めたことはたしかでした。

また、一九一七（大正六）年に、日米の著名人百名以上を集めて設立された日米協会においても有力な参画者・支持者としての渋沢の姿がみられました。日米両国民の交流を促し、両国の誤解を解き友好関係を促進するための意見交換の場所として機能させました。現在にいたる日米協会の基礎づくりの段階にも渋沢は、いつも変わらぬ貢献者として存在したのでした。

一九二七（昭和二）年、アメリカの宣教師シドニー・ギューリックが「人形で遊ぶ日本のひな祭りの風習になぞらえて人形交換をし、世界の平和を子どもから築いていこうではないか」という提言をしたのでしたが、日本国政府としては、それへの対応を即座にしませんでした。ギューリックは同志社で教鞭をとっていたこともあり、日本の民間人として渋沢がいることを知っていましたので、渋沢に相談したのでした。渋沢は、日本国際児童親善会を立ち上げ、その中心的役割で人形交換を実行に移します。アメリカから一万二八〇〇体余りの青い目の人形が日本に贈られ、その返礼として五〇数体の答礼人形を贈ったのです。その人形交換を継承するイベント等が今でも各地で行なわれており、まさに今回私たちが企画・実行したシンポジウム同様に、草の根的な国際交流の機会・場とし

写真３　中国訪問：船中にて（1914年5月）

（渋沢史料館所蔵）

て用いられることがあるのです。

このように、国際交流に非常に尽力したのは、単に日米関係が悪化したからというだけではなく、世界中に日本の立場・位置付けをもっと明確に伝えたいという意識があったかもしれません。

国際的な関係で渋沢が関心をいだいていたのは、けっしてアメリカだけではなく、対ヨーロッパ、対アジアにもしっかりと目を向けていました。そして、その中で注視していたのが、中国でした。『論語』を規範にして生きていた渋沢は、日中間の友好関係樹立に対して強い情熱と欲求を持っていたのです。国際貿易を通じて、日中間の相互理解を深めようと考えた渋沢は、一九〇七（明治四〇）年、東アジアの航路の再活性化をめざし、日清汽船会社をつくり、会長をつとめた後、取締役となったのです。そのほか中国興業株式会社・中日実業株式会社などの日中合弁会社の設立に協力し、両国の貿易促進をめざす諸団体の発足にも直接関わりました。

一九一四（大正三）年、中国を訪問した渋沢は、経済開発を通じて日中間の絆を強化し、より友好的な関係を築くことにつとめたのですが、『論語』を通じて親しんできた彼の中国観は、一般のそれとは大きな違いがあったのです。「対支発展に最良の手段を尽し、大いにその経営を遂げんことを期する」が「現在わが国における対支貿易は、すこぶる発達を示しつつあるも、いまだ対支事業は、その発展すこぶる遅々として、毫も進境をみざるなり。蓋（けだ）し、対支貿易と対支事業とは二者相結合して完全に発達するにあらずんば、とうてい十分の効果を奏すべからざるや明らかなり」「支那は四百余州の山河、天険を擁して、富源いたるところに横たわる。その地味の肥沃にして物資の饒多なる」ことは世界の列強諸国が、この国をねらっていることからも、うかがい知れることでした。

しかし渋沢は、この中国に対しても「余は、わが国の支那に対する、すべからく仁愛・忠恕の至誠をもって臨まずんば、はなはだ不可なるべしと思惟す」と考え、一九二〇（大正九）年には日華実業協会の発足を助け、自らその会長になります。渋沢は日本が中国の発展をたすけるべきであり、対中援助こそ日本の中国政策の中軸をなすべきだと信じていたのです。そして、他のいかなる国より中国をよく知っている以上、日本こそ対中援助にもっとも適している国であり、それを通して日本自身も真の利益をえることができるのだと主張したのでした。

東京・王子飛鳥山の自邸を民間外交の拠点にするということで、絶えず外国人を招いて接客・接待もしていました。たとえばインドの詩人タゴールは三回も渋沢の邸宅を訪れているのです。このように、国際的な役割を非常に多く担った渋沢は、平和な国際社会を強く希求したのです。

写真4　タゴール招待：飛鳥山邸にて（1929年6月30日）

（渋沢史料館所蔵）

渋沢が創設・運営を支援した団体の中に、調和のとれた国際関係を促進し、国際社会における日本の地位を改善することを目的として一九〇六（明治三九）年に発足した大日本平和協会があり、彼は同協会にて積極的に活動した会員でした。渋沢は、国際平和が単にビジネスにとって絶好の条件を生み出すだけでなく、それ自体の道徳的価値によって有益なるものであるという自らの信念を説明しています。

一九一二（明治四五）年に行なった演説で、渋沢は、戦争が一国の経済をたすけるという考え方を否定し、戦争が富を増すと考えることは、とりもなおさずその人間の経済的真理に対する無知をさらけ出すものと主張しました。彼は人間性と正義の原理は、商工業の利益とな

写真５　「平和記念日について」放送記念：
東京中央放送局にて（1926年11月11日）

（渋沢史料館所蔵）

んら矛盾するものではないと論じたのです。また、彼は個人的および国家的貪欲、人間対立、国際紛争という三つの原因から起きる戦争に対して、それが経済的価値を生むという理由に反対の意思を表わしました。つまり経済的利益に着目しつつ、世界が生き延び、豊かなるためには国際協力がいかに重要であるかを力説し、戦争の否定的要素を強調したのでした。彼にとって平和こそ、産業を振興し人類の幸福を増進する道だったのです。

　また、国際的秩序は平和的な経済戦争によってもたらされるべきだ、と信じていた渋沢は、生産と通商の振興こそが近代世界の中で生存・発展していかなければならない、各国に共通な課題で、武器によらず、知識および生産の促進による経済戦争こそ、将来の戦争である、と考えたのでした。「経済に国境なし」というように、人びとが自らの利益を増進するため他人を傷つける必要はないことに気づくとき、恒久平和が確立し、無駄な戦争はなくなるであろうと思っていたのです。

　渋沢の示唆するところは、人びとは私的な対人関係においては絶対にしないようなことを国際問題に関しては平気で行なわれるということでした。そこでは道徳的な原則が欠けている気配が濃厚であると嘆き、人びとは「力は正義なり」という考え方に頼りすぎているとしたのです。渋沢は、戦争を避ける唯一の方法は、社会の道徳的水準を引き上げることと考えていました。人間性と正義の原則は国際関係において有効であるばかりでなく、商工業の利益とも合致するものだったのです。

　しかしアメリカが第一次世界大戦に参戦したとき、渋沢は失望の色を隠せませんでした。アメリカこそその指導力により、世界を平和に導いてくれるものと期待していたからです。アメリカへの信頼は一時的に揺らいだとはいえ、彼の国際理解と平和に対する献身は変わりませんでした。一九二〇年代初め、国際連盟の活動と理想を支援するため、国際聯盟協会が結成されましたが、渋沢はその初代会長をつとめ、財政的支持に応じたのです。彼は国際連盟を世界平和への新しい希望の礎とみていたのでした。

以上が日米人形交流の事業を含め、渋沢が民間の立場で、日本の国際化および世界平和推進に貢献した姿です。

4――渋沢栄一を社会貢献にいたらしめたもの

一九三〇（昭和五）年一一月、渋沢栄一は「私も及ばず乍ら社会事業に尽してきたものであるから、……老体よく何の足しになるか知れませんが、兎に角出来るだけは致します。これは私の義務でもあります」という言葉を口にしています。これは、現在の「生活保護法」の基となる「救護法」施行をめざす「救護法実施促進期成同盟会」の代表二〇名が、渋沢に会長就任の懇願をする目的で飛鳥山の渋沢邸を訪れた際、病床に伏していた渋沢が、主治医が止めるのをさえぎり面会し、発した言葉です。ここでいう「社会事業」とは、社会福祉の分野だけと捉えられますが、渋沢の意識の中では、けっしてその枠にとどまるものではありませんでした。現代において渋沢に向けられる評価でも述べましたが、企業経営も「社会事業」と含めて捉えており、それぞれの事業を全うすることで、社会への責任を果たし、ひいてはそれが社会貢献につながると考えていたと思われます。また、そのようになるシステム構築をめざしていたとも思われるのです。では、このような考えにいたらしめた渋沢に内在したもの、渋沢の人間性、世界観・歴史観とはどのようなものだったのかを探ってみたいと思います。

渋沢は、すべての事業を成功に導いた偉大なる人物として目に映ることが多いのですが、実態は、意外と小さな失敗を繰り返しており、様々な苦悩・苦闘・葛藤にさいなまれつつも、幼き頃より築かれた人格・人間力によって、克服した部分が多々ありました。ただ、大きな選択にせまられた時、人生の分岐点においては、「ここでこの道に進むべき」ということを決して見誤らずに進み、九一年の生涯を全うすることができたのです。柔軟な人間性、旺盛な好奇心と同時に、必要なものを見抜く洞察力に非常にたけていた人物だったからこそではありますが、幅広い情報収集から確固たる長期的展望を有する指針を導き出し、的確で強力な情報発信できる人、近代化をめざすには不可欠ともいえる合理主義的思考、未来志向の人であったからこそです。不条理に対する反発する姿勢を持ち続け、将来に向けてよりよい世の中を考えていたところからも残した事績が自ずから社会への貢献につながったのでしょう。

また、忍耐力、粘り強さの持ち主でもありました。新たな事業を起こした際も、事を順調に進めることは、そう多くはありませんでした。試行錯誤を繰り返しつつ、自らが奔走し、何度も苦難の道を切り開いたのでした。また、そこから、さらなる厚い信用をえ、幅広い人的ネットワークの構築につながり、よき判断を下せる状況が整い、様々な場面で強くリーダーシップを発揮することができていったのです。

そして最後に、渋沢は、村の中核・まとめ役をなす家の長男に生まれ・育った人間だからという目でみられたからであるのと、そのような家での生活によってまとめ役としての素養が身についていました。また、村の青年団組織において指揮者を経験したことが、彼自身の近代日本社会全体を目配せできるオーガナイザーとしての人間形成につながったと思われます。人を引き付け、結びつける人柄といったことで、幅広い人脈形成もできたことも多くの事績を残せた要因だと思われます。

前近代社会から近代社会への移行期に生きた渋沢は絶えず未来を志向する人物でしたが、その時代・時代をどのように捉えていたのか、近代化を推進した渋沢が描き、求めた社会・世界とはどのようなものだったのだろうかという点を少し探ってみます。

渋沢の行動から見出せる信念ともいうべきものは、政治主導の中で経済の有為性に目を向け、官尊民卑の打破を標榜し、また、公益を優先し、官の補完ではない民間先導の活動によってこそ日本の発展があり国際社会への貢献があるのだというものでした。さらにいえば、官と民が一体となった新しい公益の実現をめざす行動を求めていたように思います。

また、世の中の繁栄とは、中央のみならず、地方・地域の振興もあってのものと考えていました。今日、各地域の活性化の推進につながるものとして、注目されます。各地域は、中央で考えられたものをただ導入するだけでなく、あくまでも参考とするところから、各地域においてその土地に見合う最適の施策を見出すことの必要性、さらには、その施策遂行のための人材育成を考えるべきとし、自治意識の育成・維持を主張しています。

「日本資本主義の父」と称せられる渋沢は、企業間競争に一定の秩序を求め、通常の資本主義観とは異なる「合本法」による合本主義を貫こうとしたのです。「合本法」に則った事業経営に対して、公益性を帯びているか、時代に適応しているか、資本が確実にえられるか、人材（責任を負え、信頼に足る首脳）の存在、詳細な営業予算の確認、絶大なる忍耐力、事業経営法（分業・合同）の選択・判断、労働環境・労使関係の整備・維持がとれているかを意識しつつ、さらに、商業道徳観の持続を強く意識していたのでした。

商業道徳観から発展させて「論語とそろばん」、つまり、道徳と経済の一致をみなければ持続的な成長はないと考え、未来志向者らしく、その実現ために事業の持続・永続が必要と未来像を描いたのです。そして、事業・事業体の存続は、労働意欲、地域貢献、社会のニーズへの対応につながると考えたのでした。

また、渋沢は、新しい文化を発展させていくためには、伝統的な日本文化を守ることも必要なことと思っていました。そして渋沢は、先述の通り、平和な国際社会を強く希求したのです。

写真6　古希を迎えた渋沢栄一（1840〜1931）

（渋沢史料館所蔵）

再度述べますが、渋沢は国際的秩序は平和的な経済戦争によってもたらされるべきと信じていました。武器によらず、知識および生産の促進による経済戦争こそが、将来の戦争であるとしたのです。さらに、戦争を避ける唯一の方法は、社会の道徳的水準を引き上げることと考えていたのです。人間性と正義の原則は国際関係において有効であるばかりでなく、商工業の利益とも合致するものとしたのです。渋沢は、強い信念を粘り強く伝え、平和な国際社会へ導こうとしたのでした。

渋沢が関わった事業には、未来の人びとへの思いが大きな柱・理念として通っているように思われます。文化そのものはもとより、その文化を支える人びとをどう育て、支援するか、また、西欧文明の模倣による発展ではなく、伝統文化というオリジナリティーを大切にしつつ、独創的な新たな文化を自らがつくりあげていくという姿勢をいかに育成するか、という思いに溢れていたのです。たとえば、まだまだ文化財を残すというような考え方にもおよんでいなかった時代における遺跡・遺構の保存にはじまり、歴史編纂・伝記の編纂刊行、神社を含めた記念碑建設などいくつもに協力関与し、時代の重要事象を世に受け継がせているのです。

渋沢は次のような言葉を発しています。すなわち、

「善き歴史を善く保存するのが人類文化の進歩にする所以である」

「歴史を重んずる国民は即ち文化の発展に心を致す者で、また歴史は文化発展の資料として最も重且つ大なるものであります」

「歴史を知り歴史を利用して、より善き文化へ進展せしむることを努力するのは実に有意義の事であります」などですが、これらの言葉からもわかるように「歴史は大切なものであり、歴史を知り、歴史を残し、過去における偉人の功績を偲び、そこに文化の華と実とを求める」、といった彼なりの歴史観が読み取れるのです。

そして、渋沢は、受け継がれてきた歴史・文化を見据えつつ、将来の日本を見通し、どうすれば日本が発展の道を歩んでいけるのか、また、広く世界に貢献する国家として国際社会で明確な位置づけがなされるにはどうあるべきか、ということを常に考え、その担い手が育つことに大きな期待を寄せていたのでした。

また一方で、学術振興を旨とする諸機関への支援、担い手となる人材育成につながる育英事業などへの関与を通して将来に向けた新たな文化の創造、発展・振興にもつとめました。

将来の日本を見据え、どうすれば日本が発展の道を歩んでいけるのか、また、広く世界に貢献する国家として国際社会で明確な位置づけがなされるにはどうあるべきか、ということを常に考え、大きな期待を寄せていた社会貢献活動の先駆者・渋沢栄一の思想と行動がそこにあったのです。

5——おわりに

本書の企画のスタート、企画の立ち上げのきっかけになったのが、まさに、本書内で登場する宮崎ザビエル君のちょっとした言葉、行動からでした。それが九〇年前に行なわれた日米人形交流を推進しようとした人たちの思いが、そこに乗り移ったようなかたちで受け継がれて、ここにいたったのです。同様の思いを受け継ぎ、各所で様々な事業が実施されていますが、まさに、シドニー・ギューリックはじめ渋沢栄一が未来に託した遺産が、しっかり受け継がれている表われなのです。

●参考文献

井上潤『渋沢栄一――近代日本社会の創造者（日本史リブレット人）』山川出版社、二〇一二年。

鹿島茂『渋沢栄一』Ⅰ算盤篇・Ⅱ論語篇、文藝春秋社、二〇一一年。

木村昌人『渋沢栄一――民間外交の創始者』中央公論社（中公新書）、一九九一年。

見城悌治『渋沢栄一――「道徳」と経済のあいだ』日本経済評論社、二〇〇八年。

『渋沢栄一伝記資料』（本巻五八巻）、渋沢栄一伝記資料刊行会、一九五五～一九六五年、（別巻一〇巻）渋沢青淵記念財団竜門社、一九六五～一九七一年。

渋沢栄一述・長幸男校中『雨夜譚』岩波書店（岩波文庫）、一九八四年。

渋沢研究会編『新時代の創造　公益の追求者・渋沢栄一』山川出版社、一九九九年。

渋沢雅英『太平洋にかける橋――渋沢栄一の生涯』読売新聞社、一九七〇年。

島田昌和『渋沢栄一――社会企業家の先駆者』岩波書店（岩波新書）、二〇一一年。

土屋喬雄『渋沢栄一』吉川弘文館、一九八九年。

于臣『渋沢栄一と〈義利〉思想』ぺりかん社、二〇〇八年。

『竜門雑誌』第一～六七七号竜門社・渋沢青淵記念財団竜門社、一八八八～一九四八年。

渋沢栄一の功績と生涯

西暦（和暦）	年齢	関係事項	社会状況
一八四〇（天保一一）	〇	二月一三日—武蔵国榛沢郡血洗島村（現、埼玉県深谷市血洗島）に生まれる。	この年、アヘン戦争勃発
一八五三（嘉永六）	一三	この頃より家業を手伝いはじめ、単身、藍葉の買い付け、集金等に廻る。	六・三　浦賀に黒船来航
一八五六（安政三）	一六	この年、父の名代として岡部陣屋で御用金を仰せつかる。	一〇・八　アロー号事件
一八五八（安政五）	一八	一二月—ちよと結婚する。	六・一九　日米修好通商条約調印
一八六三（文久三）	二三	九月—高崎城乗っ取り、横浜外国人居留地焼討ちを計画する。 一一月—計画を中止し京都へ行く。	七・二　薩英戦争
一八六四（元治元）	二四	二月—一橋家に出仕する。	六・五　池田屋事件
一八六七（慶応三）	二七	一月—パリ万国博覧会幕府使節の随員として渡欧する（翌年一一月帰国）。	一〇・一五　大政奉還勅許
一八六八（明治元）	二八	一二月—静岡藩勘定組頭を命ぜられるが、辞退する。	三・一四　五箇条の御誓文

一八六九（明治二）	二九	一月―静岡藩勘定頭支配同組頭格御勝手懸り中老手附、商法会所頭取を命ぜられる。 一一月―民部省租税正に任ぜられる。民部省改正掛が設置され、掛長となる。	一二・二五　東京・横浜間電信開通
一八七〇（明治三）	三〇	閏一〇月―富岡製糸場事務主任となる。	この年、普仏戦争勃発
一八七一（明治四）	三一	八月―大蔵大丞に任ぜられる。 一二月―大蔵省紙幣寮紙幣頭を兼任する。	七・一四　廃藩置県
一八七二（明治五）	三二	二月―大蔵省三等出仕を仰せ付けられ、大蔵少輔事務取扱を命ぜられる。	一一・一五　国立銀行条例布告
一八七三（明治六）	三三	五月―大蔵省を退官する。 七月―第一国立銀行総監役となる。	七・二八　地租改正条例布告
一八七四（明治七）	三四	一月―抄紙会社事務を委託され、頭取代となる。 一一月―東京府知事より共有金の取締りを嘱託される。	一〇・九　万国郵便連合発足
一八七五（明治八）	三五	八月―第一国立銀行頭取となる。 一二月―東京会議所会頭兼行務科頭取となる。	五・七　樺太・千島交換条約調印
一八七六（明治九）	三六	五月―東京府より養育院および瓦斯局事務長を申し付けられる。	一〇・二　東京に米商会所開設
一八七七（明治一〇）	三七	七月―択善会創立に関わる（のちに解散して銀行集会所）。	二・一五　西南戦争勃発
一八七八（明治一一）	三八	八月―東京商法会議所会頭ならびに内国商業事務委員長となる。	五・四　株式取引所条例制定
一八七九（明治一二）	三九	八月―東京府養育院院長に任命される。	四・四　琉球藩が沖縄県となる

年	年齢	事績	月・日	出来事
一八八〇（明治一三）	四〇	一〇月―大阪紡績会社創立世話掛となる。	一〇・一〇	日本銀行開業
一八八二（明治一五）	四二	一月―銀行集会所の委員となる（のちに会長）。 七月―妻・ちよ、没する。 一一月―倉庫会社、均融会社開業し、相談役となる。	六・二七	日本銀行条例公布
一八八三（明治一六）	四三	一月―兼子と再婚する。 三月―大阪紡績会社相談役となる。 一一月―東京商工会会頭となる。	七・七	鹿鳴館の落成
一八八四（明治一七）	四四	七月―浅野セメント工場成立にあたり経営を援助する。	一二・四	甲申事変
一八八七（明治二〇）	四七	一〇月―日本煉瓦製造会社創立、理事となる。 一一月―有限責任東京ホテル（のちに帝国ホテル）創立願を発起人総代として提出する。 一二月―東京人造肥料会社委員長となる。	九・二二	横浜に日本最初の水道施設
一八八九（明治二二）	四九	三月―日本煉瓦製造会社理事長となる。	二・一一	大日本帝国憲法発布
一八九〇（明治二三）	五〇	九月―貴族院議員となる。	一一・二五	帝国議会召集
一八九一（明治二四）	五一	七月―東京商業会議所会頭となる。 一〇月―貴族院議員を辞する。	五・一一	大津事件
一八九三（明治二六）	五三	五月―東京人造肥料㈱取締役会長となる。 九月―㈱東京石川島造船所、王子製紙㈱の取締役会長となる。 一〇月―帝国ホテル㈱取締役会長となる。 一二月―日本郵船㈱取締役となる。	四・一四	出版法・版権法公布

一八九四（明治二七）	五四	一月―東京瓦斯㈱取締役会長となる。 五月―札幌麦酒㈱取締役会長となる。	八・一　日清戦争始まる
一八九六（明治二九）	五六	九月―第一国立銀行、㈱第一銀行として新発足し、引き続き頭取となる。	四・六　第一回オリンピック開催
一八九七（明治三〇）	五七	三月―日本女子大学校創立委員に選ばれ、会計監督になる。	一〇・一　金本位制実施
一八九八（明治三一）	五八	四月―韓国を視察する（同年五月帰国）。	六・三〇　日本最初の政党内閣成立
一九〇〇（明治三三）	六〇	五月―男爵を授けられる。	三・一〇　治安警察法公布
一九〇一（明治三四）	六一	五月―大蔵大臣就任要請を断る。	一一・一八　官営八幡製鉄所操業開始
一九〇二（明治三五）	六二	五月―兼子夫人同伴にて欧米を視察する（同年九月帰国）。	一・三〇　日英同盟調印
一九〇四（明治三七）	六四	九月―韓国興業㈱監督となる。	二・一〇　日露戦争始まる
一九〇六（明治三九）	六六	七月―南満州鉄道㈱設立委員長となる。 一一月―日本精製糖と日本精糖の合併により大日本製糖㈱設立、相談役となる。	三・三一　鉄道国有法公布
一九〇七（明治四〇）	六七	二月―帝国劇場㈱創立、取締役会長となる。	六・四　別子銅山で暴動
一九〇八（明治四一）	六八	一〇月―中央慈善協会会長となる。	六・二二　赤旗事件

一九〇九（明治四二）	六九	四月―㈳癌研究会副総裁となる。 六月―多くの企業及び諸団体の役職を辞任する。 八月―渡米実業団団長として二回目の渡米をする（同年一二月帰国）。	五・六　新聞紙法公布 一〇・二六　伊藤博文狙撃され死亡
一九一〇（明治四三）	七〇	五月―㈶二松義会顧問となる。 八月―㈳東京銀行集会所会長となる。	八・二二　韓国併合条約調印
一九一二（大正元）	七二	六月―帰一協会結成、幹事となる。	七・三〇　明治天皇崩御、大正と改元
一九一三（大正二）	七三	一〇月―日本実業協会創立、会長となる。	一〇・六　日本政府が中華民国承認
一九一四（大正三）	七四	一月―東北九州災害救済会を創立、副総裁となる。 五月―中国を視察する（同年六月帰国）。	七・二八　第一次世界大戦開戦
一九一五（大正四）	七五	一〇月―パナマ太平洋万国博覧会視察を兼ねて三回目の渡米をする（翌年一月帰国）。	一・一八　中国政府に二一ヵ条要求
一九一六（大正五）	七六	七月―㈱第一銀行頭取を退任し、相談役となる。 一〇月―㈶理化学研究所創立委員長となる。	九・一　工場法施行
一九一九（大正八）	七九	一二月―㈶協調会評議員・常議員・理事・副会長となる。	一・一八　パリ講和会議開催
一九二〇（大正九）	八〇	四月―㈳国際聯盟協会会長となる。 六月―日華実業協会会長となる。 九月―子爵を授けられる。	三・一五　戦後恐慌起こる
一九二一（大正一〇）	八一	一〇月―ワシントン軍縮会議の視察等のため四回目の渡米をする（翌年一月帰国）。	一一・四　原敬暗殺される

一九二三（大正一二）	八三	九月―大震災善後会副会長となる。	九・一　関東大震災
一九二四（大正一三）	八四	三月―東京女学館館長及び㈶日仏会館理事長となる。	この年、米国で排日移民法成立
一九二五（大正一四）	八五	五月―日米無線電信㈱設立委員長となる。	
一九二六（大正一五）	八六	八月―㈳日本放送協会顧問となる。	一二・二五　大正天皇崩御、昭和と改元
一九二七（昭和二）	八七	二月―日本国際児童親善会会長となる。	三・一五　金融恐慌発生
一九二九（昭和四）	八九	一一月―中央盲人福祉協会会長となる。	一〇・二四　ニューヨーク株式市場大暴落
一九三一（昭和六）	九一	一月―㈶癩予防協会会頭ならびに理事となる。 四月―日本女子大学校校長となる。 八月―中華民国水災同情会会長となる。 九月―飛鳥山邸において中華民国水害被災者救援のため義損金募集のラジオ放送演説を行う。 一一月一一日―午前一時五〇分、永眠する。	九・一八　満州事変

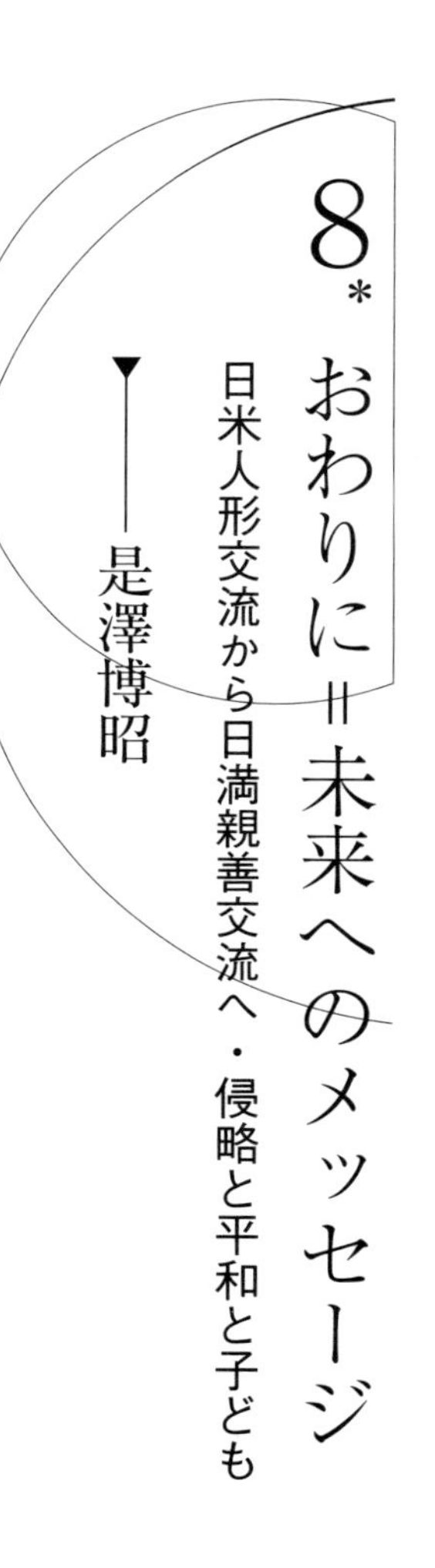

8* おわりに＝未来へのメッセージ

日米人形交流から日満親善交流へ・侵略と平和と子ども

▼──是澤博昭

1──人形交流の遺産

一九七〇年以降の日米人形交流から始まる長崎を中心とする様々な活動は、たしかにモノである人形をとおして、人と人との新しい交流を生み出し、アメリカのロチェスターとの交流やカンボジアの小学校の建設、そして「キッズゲルニカ」を通じた世界の子どもたちの共同作業などへと広がりました。そこには長崎の被爆体験を背景とした、平和へのつよい思いがあることもよくわかりました。九〇年という歳月を経て、ギューリックや渋沢栄一が蒔いた種が、ようやく花開き始めたのでしょう。

人形交流が持つ場の共有、共同作業の意義は、相互理解とは別の意味を持ち、それが現在の民間人による国際交流の場で有意義な展開をみせている、という宮崎さんの主張に、私は多くのことを教わりました。

当事者の視点と歴史的な検証を重ね合わせることで、人形交流に新しい地平が広がり、それが世界平和の夢を実現する道を提示するでしょう。そのために私たちの研究の成果を、当事者に返すことは必要です。その意味でもこのシンポジウムは有意義であり、宮崎さん父子の行動力に心から敬意を表わします。

また小檜山さんの論文から、アメリカ国内の人形交流には多くのクリスチャン女性が関係し、その背景にキリスト教海外伝道の伝統があることを学ぶことができました。まず人形を収集するためにクリスチャン女性のネットワークが動員され、教会から教会関連の女子団体や世俗的な組織へ広がったこと。そしてその目的が、日米関係改善をめざす親日キャンペーンに集約される中で、女性や宗教の影が薄められ、人形交流事業への参加者も国民国家の枠組みにとらわれていくこともよくわかりました。

たしかにアメリカ国内の動きをみるかぎり、人形交流を「『移民法』に抗議する一親日家が個人レベル試みた文化交流」と、簡単に片づけるだけでは不十分であり、さらに検討の余地があります。ただ私が問題としたいのは、「女性から男性、宗教から世俗化した交流事業」へと変化し、参加する人びとが国家・国民意識にとらわれていたとしても、人形交流事業は日本に好意を抱く（あるいは敵意のない）民間のボランティア事業であった、という事実です。そして問題は、この民間人による国際文化交流を日本人は、どのように受け取り、理解し、行動したのか、という点にあります。そこから昭和初期の日本人が大衆レベルで抱く、アメリカへの複雑な心性を読み解くことをめざしています。したがって私の仕事は、日米間の誤解が生み出した負の遺産をふくめて、人形交流の意味を客観的に整理しておくことだ、という思いを新たにしました。これが人形交流の意義を未来につなぐ、私にできる貢献だ、と考えています。

2――「子ども」というフィルター

ルース・ベネディクトは『菊と刀』で、第二次世界大戦中にみせた日本兵捕虜の不可解な行動を紹介しています。

西欧の兵士たちと日本の兵士たちとの間の最も際立った違いは、日本兵が捕虜として連合軍に積極的に協力した点だ、といいます。徹底した日本流の軍隊教育をうけ、勇敢に戦った日本人は捕虜になっても最後まで戦い抜くと、多くのアメリカ人は思い込んでいました。ところが兵士の中には、想像を超えた模範的な捕虜に変身するものもいて、日本軍の兵力配備を細かく説明し、弾薬の集積場を教え、連合軍の宣伝文を書き、はては爆撃機にまで同乗して軍事目標に誘導するなど、手のひらを返したような卑屈ともいえる協力ぶりであった、といいます（ベネディクト・二〇〇五：五八～五九頁）。

もちろんすべての日本兵がそうではないのですが、アメリカ人にはなかなか理解できない行動でした。この勇敢と卑屈は、実は表裏一体で、まるでガラスの持つ固さと脆さのように、同じ性質です。そのどちらか一つを取って賛美したり、非難しても始まらない、と岸田秀は指摘します（岸田・一九八二：二一四）。本土決戦、一億総玉砕と叫んでいたはずの日本人が、敗戦がきまると鬼畜米英であるアメリカ人を、従順に、友好的に受け入れた姿にも重なります。

さらにこのような日本人の行動の源泉をたどれば、排日移民法の成立と日米人形交流にみられる、反米から親米へと揺れる両極端な反応にもつながります。それは一部の高学歴のエリート層だけではなく、近代日本の国民の多くに共通する行動様式です。何かに憑りつかれたような反応をみせる日本人の集団行動の源泉の一端を、私は「子ども」「平和」というフィルターをとおして覗いてみたいと思います。

3――日満親善交流＝子どもによる平和

第2章で少しふれたように、悪化した日米関係を国民的レベルで緩和するために、明日を担う子ども（少女）を主役に一〇年後、二〇年後の平和・友好をめざしたのが日米人形交流でした。しかし子どもによる平和友好という文化交流は、その後の日本ではギューリックが予想もしなかった方向へ流れて行きます。

太平洋戦争中に友情人形が、学校教育の現場で子どもたちの戦意高揚のために敵のスパイとして壊されたことはよく知られています。しかしこのような悲劇の萌芽は、一九二七年に友情人形が日本に贈られた時の関東州大連や朝鮮の事例にもみられます。さらにいわゆる一五年戦争の始まりとともに、人形交流は、満州や朝鮮に不幸な影を落としたのです。

一九三一年九月、日本軍が中国奉天の近くにある南満州鉄道（満鉄）の線路を自ら爆破し、軍事行動のきっかけをつくり、中国東北部（満州）に侵攻しました。いわゆる「満州事変」です。『毎日』『朝日』の有力新聞は、いっせいに日本の軍事行動をたたえる記事や写真を掲載します。このようなジャーナリズムの活動は、戦争を支持する国民世論の形成に大きな影響力がありました。そして報道の中で純粋無垢な子どもたちが、けなげにも日本の軍隊を応援する姿や話題が、多くの新聞紙面を飾りました。さらに半年ほどで満州の主要地域を占領した日本軍は、一九三二年三月、清朝の最後の皇帝であった溥儀をむかえて、満州国の建国を宣言します。さらに九月、世論の突き上げをうけて日本政府は世界の反対を無視して、満州国を承認します。

翌年三月、国際連盟の脱退から大日本帝国が本格的に国際的孤立化の道を歩み始めます。しかし、満州への侵略が完成する一年余りの間に唱えられたのが、皮肉にも東洋の平和・アジアの平和でした。それは世界平和につながるのだ、と日本の新聞雑誌をはじめ教育関係者なども力説します。そして子どもを巻き込んだ日本人と満州国人による国民レベルの日満親善交流を生み出すのです。（その頃、日本国内は、血盟団事件や五・一五事件をはじめとするテロが横行していました。）

満州事変以降、日本のアジア侵略を正当化する手段として、平和・友好の名のもとに、国民的規模で純粋無垢な子どもというイメージが動員され始め、一九三二年三月から翌年五月にかけて、日米人形交流をモデルにした子どもや少女を主役にした、複数の日満親善交流が誕生します。それらは新聞社、教育関係者や満州国政府などから企画実行され、軍部や政府の支援をうけて、日本国内を中心に国民的イベントと呼べるほどにまで発展します。それが満州国少女使節であり、日本学童使節であり、うら若き女性を広告塔にした協和会女性使節、そして満州国建国一周年を祝う満州国人形使節でした（写真1）。

4――平和と侵略

平和と侵略は、一見正反対の言葉のようにうつります。しかしここで使用されるアジアの平和・東洋の平和とは、実は侵略と表裏一体の双子のような言葉です。日本と満州国が仲良するために、平和友好の使者として明日を担う子どもや人形が大々的に派遣されるのですが、その目的は日米人形交流と同じです。一〇年後、二〇年後の日本と満州国の友好と相互理解のためです。この美名の裏には何が隠れていたのでしょう。一連の日満親善交流は、日米人形交流の形だけを継承して、日本と満州国、そして同化政策を進める朝鮮との融和のために、純粋・無垢な子どもに平和・友好のイメージを被せたのです。

繰り返しますが、新聞社や植民地支配層、そして教育関係者までが、平和のために組織的かつ大規模に子ども（少女）を動員し、それを軍部・政府が後を押しました。そこに政治的な意図があった、なかったかは別として、結果的に子どもという存在が血なまぐさい軍事侵攻という現実を緩和させるために役立ちました。ただし大多数の日本人には、侵略の事実を覆い隠すため意図的に子どもを利用するという悪意はありません。後に述べるように、その背景には満州国や朝鮮の人びとには決して通じることのない、一方的で独りよがりの善意がありました。

写真1　満州国人形使節

（『歴史写真』1933年7月号）

日本人は、なぜ日米人形交流の理念を換骨奪胎した文化交流を企てたのでしょうか。人形交流の意味が正確に日本の人びとに伝らなったからでしょうか。おそらくそうではないでしょう。第2章で指摘した、近代の日本人の多くが共有する一等国コンプレックスが、一九三〇年前後には、子どもまで巻き込んだ、まさに大日本帝国が一体化した国民的レベルの反応を示す中で、このようないびつな日満親善交流をつくり上げたのです。

一等国コンプレックスは排日移民法あたりから表面化をはじめ、満州事変から満州国の建国・承認期には、労働者や女性はおろか、子どもの心まで支配しようとしていました。私は日本人の日米人形交流の成功体験が、後に一連の日満親善交流の形となって現われた、と考えています。

明治以降、日本人の精神構造が「排米」と「拝米」という両極端な反応を繰り返すこと、そしてそれは実は表裏一体であることは、多くの論者が指摘しています（亀井・一九七九）。近年では、近代日本のエリート層の人種体験から論じる、というユニークな試みもあります（眞島・二〇一四）。しかし排日移民法以降、日米人形交流・満州事変・満州国の建国から承認・国際連盟の脱退など、なぜ日本人は国民レベルで何かに憑りつかれたような両極端な反応をみせるか。それを対欧米との関係だけでみるのは不十分ではないでしょうか。一等国コンプレックスは、中国・朝鮮にどのような形で作用したか、という視点も大切だと思います。

5――人形交流への誤解

近代に入り、国が生き残るためにも、日本人は絶対的な基準を人種のことなる白人社会に移します。アジアを捨てて黄色人種として白人社会の仲間入りをめざした日本人にとって、口では平等を唱えながら日本人移民には人種差別を強いる、アメリカの姿は許しがたいものがありました。そこには白人社会の中で孤軍奮闘し、世界の一等国の仲間入りをし、アジアの盟主になったと自負する日本人がいます。そして、白人を中心とする欧米列強諸国に立ち向かい、追いつくために彼らが必要としたのが国家の団結、つまり天皇を中心とする家族的な国民の一体感でした。

酷ないい方になりますが、このような心性に支配されている当時の日本の人びとに、悪化した日米関係を憂い、国民レベルで友好を深める人形交流の意図が浸透する余裕など、始めからなかった、としかいえません。国際社会のあるべき将来像を個々人の信念に基づき考えるよりも、大日本帝国の名誉を守ることをまず大切に思う国民が、圧倒的な多数を占めていたのです。その意味では、大日本帝国の「臣民」にとって、日米人形交流は早すぎた民間人による国際文化交流でした。

排日移民法は、いわばアメリカから仲間外れにされたことによる激高であり、逆に日米人形交流は仲間として認められた（という誤解）ことからくる歓喜でした。このように考えると排日移民法の成立から日米人形交流までの極端な対応の変化も、友情人形への日本国内の熱狂的な歓迎、関東州の在留邦人の反発、アメリカからの贈り物をみせびらかすかのような朝鮮人への態度、そして、一九三〇年代の満州国少女使節、日本学童使節に代表される一連の日満親善交流も理解できます。

6――ゆがめられた善意と連帯感

先ほどふれた家族的な一体感は、日本国民ばかりか、同じアジア人である朝鮮や中国にも拡大します。それは欧米列強の帝国主義の圧力からアジアの盟主である日本が、中国や朝鮮などを助けてあげる、解放してあげることこそが国際正義なのだ、という独善的な思い上りに表われています。

中国文学者で評論家の竹内好（一九一〇～一九七七）は、一五年戦争当時の日本の朝鮮や中国への侵略的側面は何をいっても否定はできない、と断りながら、次のように述べています。

朝鮮の国家を滅ぼし、中国の主権を侵す乱暴はあったが、ともかく日本は、過去七十年間、アジアとともに生きてきた。そこには朝鮮や中国との関連なしには生きられないという自覚が働いていた。侵略はよくないことだが、しかし侵略には連帯感のゆがめられた表現という側面もある。無関心で他人まかせでいるより、ある意味では健全でさえある（竹内・一九九三：九五頁）。

（健全という言葉には、どこかひっかかりますが）「侵略を憎むあまり、侵略という形を通じてあらわれている日本が一方的に抱いたアジアの連帯感まで否定する」と何かを見失ってしまう、と竹内はいいます。少女使節や学童使節は満州国の人びとにとって、受け入れがたい偽善のかたまりのような親善交流のようにうつります。しかし贈る側の日本の国民の多くは（身勝手で独りよがりですが）、そこに何らかの善意があったことだけは否定できません。それはたしかに竹内のいう「連帯感のゆがめられた表現」です。日満親善交流の背景にある、大日本帝国の臣民なりのゆがんだ善意こそを見落としてはいけない、と私も思います。

中国や朝鮮を日本のように近代化させることが東洋平和、ひいては世界平和につながるという幻想を本気で信じ、押し付けたのは何故か。そのような思い上がりと、相手側からすれば屈辱的であることにさえ思い至らない鈍感さ、その余計なお世話をアジア諸国に対する親切だと誤解する（あるいは自分でみえなくしてしまう）当時の日本人の心性の本質の一端に少しでも迫ること、私はそこにこだわりたいと思います。

7――おわりに

最後に、日米人形交流にみられる教訓を私なりにまとめます。日本人の対応を概観すると、国内、外地の関係なく、日本側は、人形交流に対して「国」対「国」の親善交流を行なう、という気負いが強い反面、それがアメリカ側にはまったくみられません。日米両国民の間には、初めから目にみえない大きな「溝」が横たわっていたのです。国際的な文化交流を模索するにあたり、共同作業と場の共有も必要ですが、それから一歩進めて当事者間にある「溝」を正しく認識することも忘れてはなりません。表向き親善事業が大いに歓迎されたにもかかわらず、相手にその理念や目的が正しく伝わらないばかりか、曲解されることもありうる、という教訓を「日米人形交流」は伝えています。

●参考文献

亀井俊介『メリケンからアメリカへ――日米文化交渉史覚書』東京大学出版会、一九七九年。
岸田秀「近代日本を精神分析する――精神分裂病としての近代日本」『ものぐさ精神分析』中央公論

社、一九八二年。

是澤博昭『軍国少年・少女の誕生とメディア――子ども達の日満親善交流』世織書房、二〇一八年。

竹内好「日本人のアジア観」『日本とアジア』ちくま学芸文庫、一九九三年。

ベネディクト、ルース『菊と刀――日本文化の型』(長谷川松治訳)講談社学術文庫、二〇〇五年。

眞島亜有『肌色の憂鬱――近代日本の人種体験』中央公論社、二〇一四年。

日米人形交流の理解をふかめる文献案内

＊

●この文献案内は主に渋沢栄一記念財団所蔵の書籍に依っています。

●書籍、雑誌記事、雑誌（定期刊行物）、展覧会図録は発行順に次の通りに記載しています。書籍は〈編著者、書名、発行所、発行年月〉、雑誌記事は〈著者、記事名、掲載誌、巻号、発行者、発行年月、掲載頁〉、雑誌（定期刊行物）は〈誌名、号数、特集名、編纂・発行所、発行年月〉、展覧会図録は〈図録名、発行者、発行年月、会期〉。

1 書籍

渋沢青淵記念財団竜門社編『渋沢栄一伝記資料　第三八巻』渋沢栄一伝記資料刊行会、一九六一年六月。「第三編　社会公共事業尽瘁並ニ実業界後援時代」「第一部　社会公共事業」「第三章　国際親善」「第三節　国際団体及ビ親善事業」「第二十二款　日本国際児童親善会」五～一八一頁。

日本国際児童親善会編『答礼の使者として米国へ人形を送りませう』日本国際児童親善会、一九二七年。

磯部佑一郎『青い目の小さな大使：日米人形交歓の記録』ジャパンタイムズ、一九八〇年三月。

武田英子『青い目をしたお人形は』太平出版社、一九八一年八月。

東京女学館小学校編『赤いリボン11』東京女学館小学校、一九八四年三月。

武田英子編『青い目の人形：日米友情の人形交流の記録：写真資料集』山口書店、一九八五年八月。

大藤啓矩編『ギューリック家の人々と日本：青い目の人形のきずな』外人墓地を愛する会、一九八八年六月。

横浜国際観光協会横浜人形の家編『青い目の人形にはじまる人形交流』横浜国際観光協会横浜人形の家、一九九一年六月。

石井雍大『青い目の人形』共同ビデオ制作、一九九四年三月。

『青い目の人形のお話』山形県羽黒町立第一小学校、一九九五年五月。

山口昌男『「敗者」の精神史』岩波書店、一九九五年七月。

赤崎まき子編『人形たちの愛は海をこえて：よみがえる青い目の人形と答礼人形』エイ・ワークス、一九九六年一月。

渋沢研究会編『公益の追求者・渋沢栄一：新時代の創造』山川出版社、一九九九年三月。

歴史教育者協議会企画編集『アメリカからきた青い目の人形：第一次・第二次世界大戦』ほるぷ出版、一九九九年四月。

日本経済新聞社編『二〇世紀日本の経済人』日本経済新聞社、二〇〇〇年一一月。

針谷浩一編『答礼人形写真集：日本からの親善使』針谷浩一、二〇〇一年二月。

山田徳兵衛『語りかける人形たち』東京堂出版、二〇〇一年一二月。

星野義二『友情の人形使節ウォヘロちゃん』文芸社、二〇〇一年一二月。

高岡美知子『人形大使：もうひとつの日米現代史』日経ＢＰ社、日経ＢＰ出版センター（発売）、二〇〇四年三月。

稲垣忠彦編『心を育む総合学習』評論社、二〇〇四年四月。

夏目勝弘編『青い目の人形物語』夏目勝弘、二〇〇八年一二月。

池田孝雄『海を越えた人形たち』紀南文化財研究会、二〇〇九年。

『渋沢史料館企画展・テーマ展講演集』渋沢栄一記念財団渋沢史料館、二〇〇九年三月。

徳島平和ミュージアムプロジェクト実行委員会編『海を渡った人形と戦争の時代：徳島平和ミュージアムプロジェクト：平成二二年度文化庁美術館・歴史博物館活動基盤整備支援事業』徳島平和ミュージアムプロジェクト実行委員会、二〇一〇年七月。

是澤博昭『青い目の人形と近代日本：渋沢栄一とL・ギューリックの夢の行方』世織書房、二〇一〇年一〇月。

志村和次郎『誇り高き賢人たち：もう一つの日米関係史』大学教育出版、二〇一三年三月。

岡林洋編『カルチャー・ミックス：文化交換の美学序説』晃洋書房、二〇一四年三月。

是澤博昭『人形』文溪堂、二〇一七年二月。

『国際的民間交流と平和運動の歴史とアクチュアリティ――青い目の人形と答礼人形の辿った歴史から――（愛知大学人文社会学研究所二〇一六年度シンポジウム報告書）』愛知大学人文社会学研究所、二〇一七年三月。

飯森明子『戦争を乗り越えた日米交流：日米協会の役割と日米関係：一九一七―一九六〇』彩流社、二〇一七年七月。

見城悌治編『帰一協会の挑戦と渋沢栄一：グローバル時代の「普遍」をめざして』ミネルヴァ書房、二〇一八年二月。

＊

『おかえりなさい「ミス高知」：海を越え時を越えて』高知新聞社、一九九三年二月。

菊地昭男編『青い目の人形：アメリカ～秋田友好親善記』秋田魁新報社、一九九四年二月。

上村一貴『「ミス岐阜」と青い目の人形』上村一貴、一九九五年。

杉村孝雄『樺太に渡った「青い目の人形」：印画紙のかなた』杉村孝雄、一九九七年五月。

『ミス香川里帰りの記録：ふるさとの出あいとふれあい』「ミス香川」里帰り実行委員会、二〇〇〇年三月。

埼玉県高等学校社会科教育研究会歴史部会『みて学ぶ埼玉の歴史』編集委員会編『みて学ぶ埼玉の歴史』山川出版社、二〇〇二年二月。

『お帰りなさい「ミス宮城」里帰りの記録』みやぎ「青い目の人形」を調査する会、二〇〇三年。

山下昭子編『「長崎瓊子」里帰りの記録：平和を願う心の証として：未来への伝言』「ミス長崎」里帰り実行委員会、二〇〇四年三月。

横浜ふるさと講座委員会編『コンサート「友情は時をこえて」〝青い目の人形たち――八〇年目の同窓会〟平和と友情の使者、かながわの青い目の人形たち「はじめて」一堂に』横浜ふるさと講座委員会、二〇〇六年一二月。

三重県歴史教育者協議会編『三重の「青い目の人形」と答礼人形「三重子」』三重県歴史教育者協議会、二〇〇七年七月。

「筑波かすみ」里帰り記念誌編集委員会編『お帰りなさい「筑波かすみ」：二〇〇六～二〇〇七　里帰りの記録』茨城新聞社、

二〇〇八年三月。

松阪市立天白小学校平成一九年度卒業生作『「青い目の人形」と「三重子」さん』松阪市立天白小学校、二〇〇八年三月。

日高市立武蔵台中学校、日高市立武蔵台中学校ＰＴＡ、創立二〇周年記念事業実行委員会編『創立二〇周年記念誌』日高市立武蔵台中学校、日高市立武蔵台中学校ＰＴＡ、創立二〇周年記念事業実行委員会、二〇〇八年一一月。

『友情と平和を伝えて：「ミス三重」八二年ぶり里帰り』中日新聞社、二〇〇九年五月。

加藤昭雄『岩手に残る青い目の人形：付――続・岩手の戦争遺跡をあるく』熊谷印刷出版部、二〇〇九年六月。

『人形大使「ミス三重」：82年のときを刻んで』答礼人形「ミス三重」の里帰りを実現させる会、二〇〇九年七月。

『答礼人形「ミス三重」里帰りの記録』答礼人形「ミス三重」の里帰りを実現させる会、二〇一〇年九月。

田中圭子・大貫菜穂〔編集〕『海を渡った人形大使たち：日米友情人形交流八五周年・答礼人形《ミス京都市》里帰り記念』同志社大学人文科学研究所第十研究会、二〇一二年三月。

長嶺寿俊『日向瓊子の遥かなる旅：宮崎がつなぐ日米親善の絆』鉱脈社、二〇一五年四月。

『答礼人形「富士山三保子」の里帰り事業報告書：平成二七～二八年度』答礼人形「富士山三保子」の里帰りを実現させる会実行委員会、二〇一七年三月。

坂主洋・黒川保二『時を超えて：泉小・青い目の人形物語』黒川保二、二〇一七年七月。

幸田町教育委員会編『青い目の人形調査報告書』幸田町教育委員会、二〇一八年三月。

*

武田英子〔文〕、落合稜子〔画〕『青い目の人形メリーちゃん』小学館、一九七九年一二月。

武田英子作『なぞのアメリカ人形』佼成出版社、一九八一年六月。

武田英子『青い目をしたお人形ベティ』太平出版社、一九八三年七月。

織田信生編『青い目の人形』リブロポート、一九八九年一一月。

原田一美『嵐の中に咲いた花：青い目の人形アリスちゃん』教育出版センター、一九九一年七月。

青い目の人形ものがたり編集委員会『青い目の人形ものがたり』山形教育用品株式会社、一九九二月。

武田英子〔文〕、うすいしゅん〔絵〕『友情の人形は海をこえて』「友情の人形」絵本出版委員会、ドメス出版（発売）、一九九七年三月。

松永照正・会田貴代〔絵〕、黒崎晴生〔写真〕『あやと青い目の人形：ナガサキで被爆した少女の物語』クリエイティブ21、二〇〇三年八月。

原田一美『青い目の人形：海を渡った親善人形と戦争の物語』未知谷、二〇〇九年四月。

シャーリー・パレントー／河野万里子訳『希望の人形：日本編』岩崎書店、二〇一六年八月。

＊

渋沢秀雄『渋沢栄一：実業の父』ポプラ社、一九五一年一〇月。

渋沢秀雄・柳瀬茂〔絵〕『渋沢栄一』ポプラ社、一九六五年一〇月。

国立科学博物館『国立科学博物館百年史』国立科学博物館、一九七七年一一月。

日本放送協会編『歴史への招待　二五』日本放送出版協会、一九八三年二月。

韮塚一三郎、金子吉衛『埼玉の先人渋沢栄一』さきたま出版会、一九八三年一二月。

永川幸樹『渋沢栄一人間、足るを知れ：「時代の先覚者」はなぜかくも「無私」たりえたのか』ベストセラーズ、一九九九年一月。

是澤博昭『教育玩具の近代：教育対象としての子どもの誕生』世織書房、二〇〇九年三月。

鹿島茂『渋沢栄一２　論語篇』文芸春秋、二〇一一年一月。

河合敦、山口正監修『週刊新マンガ日本史：五〇人の人物で時代を読み解く四六』朝日新聞出版、二〇一一年九月。

『発見！　ニッポン子ども文化大百科：大正・昭和前期』日本図書センター、二〇一二年二月。

『ＮＨＫさかのぼり日本史　外交篇２（昭和）』ＮＨＫ出版、二〇一二年九月。

渋沢栄一記念財団編『渋沢栄一を知る事典』東京堂出版、二〇一二年一〇月。

鹿島茂『渋沢栄一・下　論語篇』文芸春秋、二〇一三年八月。

島田昌和編『原典でよむ渋沢栄一のメッセージ』岩波書店、二〇一四年七月。

『五代友厚と渋沢栄一』洋泉社、二〇一六年三月。

赤沢史朗『徳富蘇峰と大日本言論報国会』山川出版社、二〇一七年四月。

是澤博昭『軍国少年・少女の誕生とメディア：子ども達の日満親善交流』世織書房、二〇一八年三月。

小和田哲男監修『超ビジュアルとクイズで日本史！歴史英雄列伝』宝島社、二〇一八年三月。

*

深谷市立八基小学校編『渋沢資料：地域教材化のための資料収集1』深谷市立八基小学校、二〇〇一年。

椎名仙卓『大正博物館秘話』論創社、二〇〇二年三月。

椎名仙卓『近代日本と博物館　戦争と文化財保護』雄山閣、二〇一〇年一二月。

山田恵吾『日本の教育文化史を学ぶ　時代・生活・学校』ミネルヴァ書房、二〇一四年三月。

深谷市編『渋沢栄一翁の顕彰とレンガを活かしたまちづくり』深谷市、（発行年不明）。

*

"Doll messengers of friendship：世界の平和は小供から", 1927.
Committee on World Friendship Among Children, "Dolls of friendship：the story of a goodwill project between the children of America and Japan", Friendship Press, 1929.
[Sidney L. Gulick]；as sponsored by the Committee on World Friendship among Children, "Dolls of Friendship：the story of a goodwill project between the children of America and Japan", Friendship Ambassadors Press, 1997.
Alan Scott Pate, "Art as ambassador：the Japanese friendship dolls of 1927", Alan Scott Pate Antique Japanese Dolls, 2016.

2　雑誌記事（論文など）

渋沢栄一「米国より人形を贈られて：日米関係委員会の大要」『龍門雑誌』四六二、龍門社、一九二七年三月、一～一三頁。

「アメリカの人形を迎へる歌」『社会教育』四（三）、社会教育会、一九二七年三月、九頁。

関屋龍吉「アメリカの人形を迎へて」『社会教育』四（三）、社会教育会、一九二七年三月、六～八頁。

山田徳兵衛「渋沢翁と人形」『青淵』九五、渋沢青淵記念財団竜門社、一九五七年二月、二二～二三頁。

関屋龍吉「人形使節の話」『女性教養』三二二、日本女子社会教育会、一九六五年一月、二～六頁。

有吉国子「青い目の人形使節」『幼児の教育』七八（三）、フレーベル館、一九七九年三月、三四～三五頁。

増淵宗一「青い目の人形研究（一）：ギュリック博士と成瀬仁蔵」『日本女子大学紀要　文学部』三五、日本女子大学、一九八五年、四五～五八頁。

茂義樹「シドニー・ギューリックについて：排日法案をめぐって〔含　著作目録〕」『キリスト教社会問題研究』三四、同志社大学キリスト教社会問題研究会、一九八六年三月、一～三五頁。

是澤博昭「青い目の人形：朝鮮半島・関東州を中心として」『かたち・あそび：日本人形玩具学会会誌』1、日本人形玩具学会、一九九〇年九月、八八～頁。

金子千侍「青い目の人形」『冴：国際ロータリー第二五七〇地区だより』一二、ガバナー事務所、一九九二年六月。

是澤博昭「「青い目の人形交流」誕生の背景とその波紋――日米関係改善に向けての一つの試み　或いは渋沢栄一、L・ギューリックの見た夢――」『渋沢研究』五、渋沢史料館、一九九二年一〇月、三～二二頁、三九～四〇頁。

寺澤美代子「神戸女学院における人類友愛の精神と国際交流の推進――一九二〇年代から一九三〇年代にかけて――」『日本英語教育史研究』七、日本英語教育史学会、一九九二年、一八三～一九六頁。

Sidney Gulick 3d「Friendship between Japan and America through dolls : lecture to the Japan International dolls and

Toys Research Association, June 8, 1991.」『かたち・あそび：日本人形玩具学会会誌』3、日本人形玩具学会、一九九三年三月、五～一三頁。

江橋崇「第三回総会講演「戦争と平和」「青い目の人形交流」講演について」『かたち・あそび：日本人形玩具学会会誌』3、日本人形玩具学会、一九九三年三月、二～四頁。

是澤博昭「人形交流の予期せぬ波紋：子供・人形使節の誕生」『日本教育史往来』八五、日本教育史研究会、一九九三年八月、一～二頁。

是澤博昭「渋沢栄一・国民外交の行方：日本における「世界児童親善会」への認識とその後の展開」『渋沢研究』六、渋沢史料館、一九九三年一〇月、四一～六一頁。

吉村道男「人形使節から人間使節へ：昭和初期国際交流史の一節」『外交史料館報』七、外務省外交史料館、一九九四年六月、四〇～五三頁。

三谷範子「青い目の人形と現在の人形交流」『日本はきもの博物館・日本郷土玩具博物館年報』一、遺芳文化財団、一九九五年三月、一五～一六頁。

是澤博昭「一九二七年日米人形交流にみられる国民意識：「一等国」日本のコンプレックス」『渋沢研究』八、渋沢史料館、一九九五年一〇月、三～二四頁、二九～三〇頁。

塩谷修「博物館における展示事業の企画とその効果：企画展「青い目の人形」を通して」『土浦市立博物館紀要』七、土浦市立博物館、一九九六年三月、一～一一頁。

游珮芸「「青い目の人形」の渡台：日本植民地台湾で繰り広げられた「国際児童親善」の虚実」『かたち・あそび：日本人形玩具学会会誌』八、日本人形玩具学会、一九九七年八月、九九～一〇九頁。

山口勇「「青い目の人形」と埼玉県」『青淵』五八四、渋沢青淵記念財団竜門社、一九九七年一一月、三七～四二頁。

高屋豪瑩、成田マツエ「〈研究ノート〉弘前学院の友情人形（俗に青い目の人形）を追跡して」『弘前大学國史研究』一〇六、一九九九年三月、七一～八三頁。

斎藤俊子「実践記録・小学校六年　戦前・戦中・戦後を通してみた青い目の人形」『歴史地理教育』六〇三、歴史教育者協議会、一九九九年一二月、六〇～六七頁。

成田マツヱ「友情人形（青い目）の配布先から見た国内事情の一端」『地域総合文化研究所紀要』一二、弘前学院大学地域総合文化研究所、二〇〇〇年、五九～七八頁。

鳥塚恵和男「青い眼の人形：小学生の、「綴り方」の波紋」『埼玉・人とこころ』二八（一一）、通号三三一、埼玉文化懇話会、二〇〇〇年一一月、一頁。

是澤博昭「在米日本人移民からみた日米人形交流：移民法改正運動から国際文化交流へ」『渋沢研究』一四、渋沢史料館、二〇〇一年一〇月、三～二六頁、四四頁。

「信州の宝「青い目の人形」略年譜」『信濃教育』一三八〇、信濃教育会、二〇〇一年一一月、一二六～一二八頁。

前沢護「『アメリカ人形』の出迎えと歓迎学芸会」『信濃教育』一三八〇、信濃教育会、二〇〇一年一一月、七二頁。

武田英子「人形交流の懸け橋：友情の人形を訪ねて」『信濃教育』一三八〇、信濃教育会、二〇〇一年一一月、五～一〇頁。

梅原康嗣「研究報告　長野県における日米親善人形：一九二七年の「青い目の人形」」『長野県立歴史館研究紀要』8、長野県立歴史館、二〇〇二年三月、五四～六五頁、図巻頭二頁。

高屋豪瑩「青い目をした友情人形の処分仕掛け人」『東奥文化』七三、青森県文化財保護協会、二〇〇二年三月、六六～七八頁。

梅原康嗣「長野県にのこる日米親善人形」『長野県立歴史館研究紀要』八）、長野県立歴史館、二〇〇二年三月、口絵。

関千枝子「「一枚の写真」、そして「人形」」『青淵』六四七、渋沢栄一記念財団、二〇〇三年一二月、二二～二四頁。

北林勝士「学校日誌から見た青い目の人形と特色ある学校」『飯田市美術博物館研究紀要』一四、飯田市美術博物館、二〇〇四年、四九～六二頁。

高屋豪瑩「友情の人形（青い目の人形）：青森版二〇〇三」『東奥文化』七五、青森県文化財保護協会、二〇〇四年三月、二五～五四頁。

北林勝士「飯田・下伊那における日米親善人形――青い目の人形を所蔵する学校・個人を中心に――」『飯田市美術博物館研究紀要』一五、飯田市美術博物館、二〇〇五年、一二三～一三三頁。

是澤博昭「人形・子ども使　節の誕生：昭和初期の人形使節の動向を中心として」『人形玩具研究』一七、日本人形玩具学会、二〇〇六年。

針谷浩一「日米友情人形交流をめぐる現状と課題：保存・修理・修復をめぐって」『紀要』一、埼玉県立歴史と民俗の博物館、二〇〇七年三月、六七～七四頁。

安達覚「愛知県に現存する「青い目の人形」の歩んだ道」『安城市歴史博物館研究紀要』一四）、安城市歴史博物館、二〇〇七年三月、四八～二一頁。

音楽探偵団（志田英泉子）「人形を迎える歌：親善と平和への願い」『れいろう』四九（一一）、通号六〇三、モラロジー研究所、二〇〇七年四月、四〇～四二頁。

是澤博昭「日米人形交流八〇年：渋沢栄一と国際文化交流」『青淵』七〇二、渋沢栄一記念財団、二〇〇七年九月、一四～一七頁。

高岡美知子「日米人形交流八〇年：人形は語る　伝えるは人間」『青淵』七〇四、渋沢栄一記念財団、二〇〇七年一一月、一六～一九頁。

斉藤恵美子「答礼人形・「ミス福島」絹子の帰国」『人形玩具研究』一八、日本人形玩具学会事務局、二〇〇七年、二〇九～二一二頁。

石井雍大「窓「青い目の人形」処分と自主規制」『歴史地理教育』七二四、歴史教育者協議会、二〇〇八年一月、五六～五七頁、図巻頭二頁。

福田義治「第九三講〈近現代〉吾妻郡に配布された「青い目の人形」」『ぐんま地域文化』三〇、群馬地域文化振興会、二〇〇八年四月、一四～一五頁。

古川章「青い目の人形のこと」『青淵』七九七、渋沢栄一記念財団、二〇〇八年、一二三～一二五頁。

「吾妻郡内に配布された「青い目の人形」緊急調査について（報告）」『資料館だより：中之条町歴史民俗資料館館報』二七、中之条町歴史民俗資料館、二〇〇八年、三頁。

増渕宗一「青い目の人形と日本女子大学校」『人形玩具研究：かたち・あそび：日本人形玩具学会会誌』一九、日本人形玩具学会、二〇〇九年三月二〇日、三三～四六頁。

榎陽介・木田浩「福島県における日米親善人形交流」『福島県立博物館紀要』二三、二〇〇九年九月、二四七～二六六頁。

岩脇彰「地域――日本から世界から（一七七）時を超える手紙――「青い目の人形」と「ミス三重」」『歴史地理教育』七五八、歴史教育者協議会、二〇一〇年四月、八二～八七頁。

安達覚「愛知県に現存する「青い目の人形」の歩んだ道」『人形玩具研究：かたち・あそび：日本人形玩具学会会誌』21、日本人形玩具学会、二〇一〇年、五七～六四頁。

奥田環「東京女子高等師範学校における日米人形交流（一）一九二七（昭和二）年の友情人形の到来」『人形玩具研究：かたち・あそび：日本人形玩具学会会誌』21、日本人形玩具学会、二〇一〇年、四一～五六頁。

天野安夫「郡内の青い目をした人形」『甲斐』一二四、山梨郷土研究会、二〇一一年七月、四一～四四頁。

井上潤「子供たちに世界の平和を託した人～シドニー・ルイス・ギューリック～：渋沢栄一伝　一七」『会議所ニュース』二三九八、日本商工会議所、二〇一一年一一月、三頁。

桐生靖子「「青い目の人形」と渋沢栄一：友情の人形交流」『私の時間』九（一）、通号四八、ヒロ・コミュニケーションズ、二〇一二年一月、七四～七九頁。

大原賢二・長谷川賢二「答礼人形「ミス徳島」に関する米国ノースウェスト芸術文化博物館所蔵資料」『徳島県立博物館研究報告』二二、徳島県立博物館、二〇一二年三月、一〇九～一三七頁。

石川知子「答礼人形〈ミス愛知〉写真探し顛末記」『人形玩具研究：かたち・あそび：日本人形玩具学会会誌23、日本人形玩具学会事務局、二〇一二年、九四～一〇〇頁。

能勢健介「戦争を生き残った『青い目の人形』：浅口市金光町金光学園幼稚園〝ベッシー〟高梁市成羽町鶴鳴保育園〝アン

ナ〟津山市山下津山郷土博物館〝ロイズグッド・ウィル〟」『岡山の記憶』一六、岡山・十五年戦争資料センター、二〇一四年、一二七～一三一頁。

井上潤「日本の国際化と平和を推進：渋沢栄一を探る七」『産業と教育』六五（一）、通号七六二、産業教育振興中央会、実教出版（発売）、二〇一六年四月、六八頁。

齋藤良治「青い目の人形（その一）ローズマリーとベティ・ジェーン」『宮城史学』三五、宮城歴史教育研究会、二〇一六年、一九～三一頁。

ベレジコワ・タチアナ「日本における人形の近代的役割：一九二〇～四〇年代の国際交流と外交を中心に」『間谷論集』一一、日本語日本文化教育研究会編集員会、二〇一七年三月、一八一～二一〇頁。

青山英子「[ちくほう地域研究]地域に根差した戦争記憶の語り継ぎ：朗読音楽劇「青い目の人形によせて」の試み」『かやのもり：近畿大学産業理工学部研究報告』二六、近畿大学産業理工学部、二〇一七年七月、六五～七三頁。

齋藤良治「青い目の人形（その二）ローズマリーとベティ・ジェーン」『宮城史学』三六、宮城歴史教育研究会、二〇一七年、二九～四三頁。

3　雑誌（定期刊行物）

『信濃教育』一三八〇（特集：信州の宝「青い目の人形」）、信濃教育会、二〇〇一年。

『信濃教育』一三九二（特集：答礼人形「長野絹子」と青い目の人形たち）、信濃教育会、二〇〇二年一一月。

『ドール通信』二〇〇八年二月号、横浜人形の家友の会。

『インフォメーションクリップ』九～一五、友情の人形全国交流センター、二〇〇九～二〇一一年。

『人形玩具研究：かたち・あそび：日本人形玩具学会会誌』二八（特集：日米交流）日本人形玩具学会事務局、二〇一七年。

＊

『親善人形の会News』三七～一二五〇、号外号　香川県親善人形の会（KFDA）、一九九九年八月～二〇一七年七月。

『青い目の人形News』一～三六、香川県「青い目の人形」の会、一九九六年八月～一九九九年七月。

『里帰り通信』一～一二六、答礼人形「ミス香川」里帰り実行委員会、一九九八年一月～二〇〇〇年三月。

『答礼人形「ミス三重」の里帰りを実現させる会News：友情と平和の精神をふり返り次代につなげよう』四～一三、答礼人形「ミス三重」の里帰りを実現させる会、二〇〇八年九月～二〇一〇年八月。

『答礼人形ミス三重の会ニュース』準備号～一二六、ミス三重の会、二〇一〇年九月～二〇一七年九月。

『瓊子の会news：長崎親善人形の会』一七、一二、長崎親善人形の会、二〇〇九年二月、二〇一〇年一二月。

『みやぎ青い目の人形を調査する会ニュース』一～三一、みやぎ青い目の人形を調査する会、二〇〇一年六月～二〇〇八年一〇月。

『ニューズ・レター』一～一二五、青い目の人形友情交流会、一九八八年七月～二〇〇二年五月。

4　展覧会図録

『青い目の人形：友情と平和の親善使節』埼玉県平和資料館、一九九五年。

『平和への願い：埼玉県平和資料館展示ガイド』埼玉県平和資料館、一九九五年三月。

『青い目の人形：戦争と平和の証言者：第一六回企画展』土浦市博物館、一九九五年五月、会期：一九九五年五月二日～六月一一日。

『人形名撰：横浜人形の家コレクション』龍野市立歴史文化資料館、一九九七年三月、会場・会期：龍野市立歴史文化資料館・一九九七年三月一五日～四月二〇日／土浦市立博物館・一九九七年四月二六日～六月一五日。

『青い目の人形と渋沢栄一：開館五周年記念特別企画展』埼玉県平和史料館、一九九八年七月、会期：一九九八年七月二五日～八月三一日。

『お帰りなさい「ミス香川」：日米親善人形交流展』「ミス香川」里帰り実行委員会、一九九八年一一月、会場・会期：三越高松店・一九九八年一一月三日〜九日。

『青い目の人形展』八戸市博物館、一九九九年七月。

『思い出の答礼人形：平成一三年度第二回テーマ展』埼玉県平和資料館、二〇〇一、会期：二〇〇一年二月一四日〜三月一一日。

『お帰りなさい「長崎瓊子」：日米友情人形の里帰り展』「ミス長崎」里帰り実行委員会、二〇〇三年二月、会場・会期：浜屋百貨店（長崎）・二〇〇三年二月二六日〜四月八日ほか。

『青い目の人形と長崎瓊子展：あれから八〇年、きずな未来へ：もうひとつの日米交流史』長崎歴史文化博物館、二〇〇七年四月、会期：二〇〇七年四月七日〜六月一〇日。

『青い目の人形：友情人形来日八〇周年記念展：平成一九年度第二回企画展図録』中之条町歴史民俗資料館、二〇〇七年一〇月、会期：二〇〇七年一〇月一三日〜一一月二五日。

『戦争の時代と呉の文化：昭和初期、ふたりの青年教員がみつめた世界：童謡作曲家坊田かずまと歌人渡辺直己：第八回企画展』呉市海事歴史科学館、二〇〇八年二月、会期：二〇〇七年一二月一四日〜二〇〇八年二月四日。

『おかえりなさい「ミス三重」高学年用』答礼人形「ミス三重」の里帰りを実現させる会、二〇〇九年四月。

『山梨にやってきた「青い目の人形」たち』山梨県立博物館、二〇〇九年七月、会期：二〇〇九年七月一一日〜九月七日。

『因幡地方の名品：鳥取市の文化財あれこれ』鳥取市文化財団、二〇〇九年九月、会場・会期：鳥取市歴史博物館・二〇〇九年七月二五日〜八月三〇日ほか。

『ようこそおかえりなさい「ミス三重」：二〇〇九　人形大使ミス三重と青い目の人形展』答礼人形「ミス三重」の里帰りを実現させる会、二〇〇九年一一月、会場・会期：津松菱百貨店・二〇〇九年八月五日〜八月一〇日ほか。

『アメリカに渡った日本人と戦争の時代：特集展示』国立歴史民俗博物館、二〇一〇年三月、会期：二〇一〇年三月一六日〜二〇一一年四月三日。

『幼児教育コトハジメ：マチの学び舎、土浦幼稚園：土浦市立博物館第三一回特別展』土浦市立博物館、二〇一〇年三月、会期：二〇一〇年三月二〇日～五月九日。

『いわてに残る友情の人形展：平成の「友情の人形」の贈呈を記念して：報告書』石神の丘美術館、二〇一〇年、会期：二〇一〇年四月三日～二五日。

『ずっとずっとふるさと陸前高田：心に生きる「たからもの」：大津波被災文化財保存修復技術連携プロジェクト支援企画展』津波により被災した文化財の保存修復技術の構築と専門機関の連携に関するプロジェクト実行委員会、二〇一六年一一月、会場・会期：陸前高田コミュニティーホール・二〇一六年一一月二六日～一二月五日。

『戦争を忘れない展：平和を願った人形たち：二〇一六　夏の企画展』前橋文学館、二〇一六年。

『人形大使「ミス三重」九〇周年里帰り展記録』答礼人形「ミス三重」の会、二〇一八年三月、会場・会期：三重県総合博物館・二〇一七年七月一一日～九月三日。

『お帰りなさい答礼人形：青い目の人形交流展』国際文化協会・朝日新聞社・そごう美術館、一九八八、会場・会期：そごう（横浜）・一九八八年四月二七日～九月七日ほか。

『おもちゃと模型のワンダーランド展』ＮＨＫプロモーション、二〇〇七年、会場・会期：福島県立美術館・二〇〇七年七月一四日～九月一七日ほか。


〈公益財団法人渋沢栄一記念財団情報資源センター作成・協力〈二〇一九年一月二五日版〉〉

執筆者・発言者紹介（五十音順）

飯島真理子（いいじま・まりこ）

一九七七年生まれ。上智大学外国語学部英語学科准教授。専門は、グローバル・ヒストリー、移民史。論文に、「交差する2つのグローバル・ヒストリー——ハワイ島コナにやって来たコーヒーと日系移民」上智大学アメリカ・カナダ研究所、イベロアメリカ研究所、ヨーロッパ研究所編『グローバル・ヒストリーズ—「ナショナル」を越えて』（上智大学出版、二〇一八年）、Iijima, Mariko. "Coffee Production in the Asia-Pacific Region: The Establishment of a Japanese Diasporic Network in the Early 20th Century," *Journal of International Economic Studies*, 32, Hosei University, 2018.「移動する沖縄女性——ハワイ・フィリピンをめぐって」沖縄県教育庁文化財課史料編集班編『沖縄県史　各論編8　女性史』（沖縄県教育委員会、二〇一六年）などがある。

【第5章】

井上　潤（いのうえ・じゅん）—編者

一九五九年生まれ。（公財）渋沢栄一記念財団業務執行理事・事業部長、渋沢史料館館長。専門分野は、渋沢栄一研究、日本村落史。著書に『渋沢栄一——近代日本社会の創造者（日本史リブレット人八五）』（二〇一二年、山川出版社）、共著に『渋沢栄一に学ぶ「論語と算盤」の経営』（二〇一六年、同友館）、論文に「博物館の連携——飛鳥山三つの博物館を中心に」（歴史学と博物館のありかたを考える会設立十周年記念誌『現場から』二〇〇一年）などがある。

【第5章・第7章・渋沢栄一略年譜・主要参考文献】

小関菜月（おぜき・なつき）

一九九五年生まれ。上智大学外国語学部卒業。ダラム大学大学院修士課程（M.A., 教育学）在籍。

【第3章】

小檜山ルイ（こひやま・るい）

東京女子大学現代教養学部国際社会学科国際関係専攻教授。専門はアメリカ女性史・ジェンダー史、アメリカ・キリスト教史、日米関係史。著書に『アメリカ女性宣教師——来日の背景とその影響』（東京大学出版会、一九九二年）、『帝国の福音——ルーシィ・ピーボディとアメリカの海外伝道』（東京大学出版会、二〇一九年）、共編著書に『アメリカ・ジェンダー史研究入門』（青木書店、二〇一〇年）、共著に『歴史のなかの政教分離』（彩流社、二〇〇七年）、『帝国と学校』（昭和堂、二〇一〇年）、『モダンガールと植民地的近代』（岩波書店、二〇一〇年）、*Competing Kingdoms: Women, Mission, Nation, and the American Protestant Empire, 1812-1960* (Duke University Press, 2010)、『近代日本のキリスト教と女子教育』（教文館、二〇一六）などがある。【第3章】

是澤博昭（これさわ・ひろあき）—編者

一九五九年生まれ。大妻女子大学博物館教授。専門は児童文化史・人形玩具文化論。著書に、『青い目の人形と近代日本』（世織書房、二〇一〇年）『軍国少年少女の誕生とメディア』（世織書房、二〇一八年）、共編著に、『子どもたちの文化史』（臨川書店、二〇一九年）などがある。

【第2章・第5章・おわりに】

塚本隆史（つかもと・たかし）

一九五〇年生まれ。みずほフィナンシャルグループ名誉顧問。第一国立銀行を母体とする株式会社みずほ銀行元頭取、元会長。論文に「渋沢栄一が現代に問いかけるもの」『私ヲ去リ、公ニ就ク——渋沢栄一と銀行業』（「企業の原点を探る」シリーズ、渋沢史料館、二〇一五年）、インタビューに『渋沢栄一「論語と算盤」と現代の経営』（守屋淳編、渋沢栄一記念財団監修、日本経済新聞出版社、二〇一三年）などがある。【第5章】

宮崎ザビエル（みやざき・ざびえる）

二〇〇六年生まれ。アメリカ・イリノイ州エヴァンストン在住の中学生。【第3章・第5章】

宮崎広和（みやざき・ひろかず）—編者

一九六七年生まれ。ノースウェスタン大学人類学科ケイ・デイヴィス教授。長崎市平和特派員。専門は、経済人類学、贈与交換論、希望・未来論。著書に、*The Method of Hope: Anthropology, Knowledge, and Fijian Knowledge*（二〇〇四年、スタンフォード大学出版局）、『希望という方法』（二〇〇六年、以文社）、*Arbitraging Japan : Dreams of Capitalism at the End of Finance*（二〇一三年、カリフォルニア大学出版局）、*The Economy of Hope*（共編、二〇一七年、ペンシルヴァニア大学出版局）などがある。

【はじめに・第4章・第5章・第6章】

山下昭子（やました・あきこ）

一九四二年長崎市生まれ。長崎親善人形の会（瓊子の会）会長。一九六九年に長崎新聞社入社、二〇〇九年退職まで編集局文化部一筋に記者活動。著書に、『夏雲の丘――病窓の被爆医師』（長崎新聞社、一九九六年／改訂版、二〇〇六年）がある。

【第5章】

あとがき

本書は、渋沢栄一記念財団の出版助成金をえて、出版されました。

　本書は、たくさんの方々との対話と共同作業の産物です。二〇一七年七月二二日の東京でのシンポジウムでは、渋沢研究会と大妻女子大学博物館には主催者として、そして、渋沢栄一記念財団には特別協力者としてご支援とご協力を、シンポジウムのテープおこしなど様々な作業には一橋大学大学院（社会学研究科）の山本渉さんにご協力いただきました。この場をおかりして御礼申しあげます。

　また、二〇一七年八月七日の長崎でのシンポジウムは、長崎親善人形の会の全面的なご協力で催され、会場の長崎歴史文化博物館には、いろいろとご配慮いただきました。御礼申しあげます。

　二〇一七年九月三〇日のロチェスターでのシンポジウムは、ロチェスター科学博物館、ロチェスター中央図書館、ロチェスター工科大学、コーネル大学の支援で可能となりました。

　ご支援・ご協力いただいたこれらの団体・個人の方々、そしてシンポジウムに参加されたたくさんの方々に改めて深く感謝いたします。

最後に、世織書房の伊藤晶宣さんには、辛抱強く、様々なご配慮をいただきました。御礼申し上げます。

二〇一九年四月二一日

宮崎広和＋井上潤＋是澤博昭

平和を生きる日米人形交流
——渋沢栄一とシドニー・ギューリックの親交からキッズゲルニカへ

2019年10月21日　第1刷発行©

編　者	宮崎広和・是澤博昭・井上潤
装幀者	M. 冠着
発行者	伊藤晶宣
発行所	(株) 世織書房
印刷所	新灯印刷 (株)
製本所	協栄製本 (株)

〒220-0042　神奈川県横浜市西区戸部町7丁目240番地　文教堂ビル
電話045-317-3176　振替00250-2-18694

落丁本・乱丁本はお取替えいたします　Printed in Japan
ISBN978-4-86686-008-4